IM GROSSEN KRIEG

Leben und Sterben des
Leutnants Fritz Rümmelein

RALF GEORG REUTH

IM GROSSEN KRIEG

Leben und Sterben des
Leutnants Fritz Rümmelein

HERAUSGEGEBEN VON
KAI DIEKMANN

Piper München Zürich

Mehr über unsere Autoren und Bücher:
www.piper.de

ISBN 978-3-492-05682-3
2. Auflage 2014
© Piper Verlag GmbH, München 2014
Redaktion: Dr. Ralf Georg Reuth, Konstantin Sakkas
ArtDirection: Veronika Illmer
Gestaltung: Ulrike Schultz-Ossmer, Melanie Seidel
Fotobearbeitung: Insa Dressler, Thomas Tyllack/Imagepool
Grafik: Jim Dick
Reproduktionen und aktuelle Fotos: Peter Müller
Umschlaggestaltung: Büro Jorge Schmidt, München
Umschlagabbildung: Prisma/Buyenlarge/UIG, Peter Müller
Druck und Bindung: Westermann Druck, Zwickau
Printed in Germany

Vorwort

Vor 100 Jahren begann der Erste Weltkrieg. Der amerikanische Historiker George F. Kennan nannte ihn die Urkatastrophe des 20. Jahrhunderts, weil er weitere Katastrophen nach sich zog. Wer schon einmal auf den Schlachtfeldern von Verdun gewesen ist, der hat die Spuren der Urgewalt gesehen, mit der der erste moderne, weil technisierte Krieg Mensch und Natur heimgesucht hat. Noch heute ist dort die Kraterlandschaft zu erkennen, die damals durch Millionen Granateinschläge entstanden ist. Im Gebeinhaus von Douaumont ruhen 130 000 Gefallene, die nicht mehr identifiziert werden konnten.

9,4 Millionen Soldaten sind während des Ersten Weltkriegs gestorben. Das ist nicht nur eine Zahl aus dem Geschichtsbuch. Das sind vielmehr 9,4 Millionen menschliche Schicksale. Allzu leicht wird dies bei den historischen Darstellungen und Analysen vergessen. Aus diesem Grund haben wir von BILD entschieden, in unserem Beitrag zu 100 Jahren Erster Weltkrieg den Menschen in den Mittelpunkt zu stellen. Wir erzählen in diesem Buch das Leben des jungen Leutnants Fritz Rümmelein, das stellvertretend für das von Millionen anderen Soldaten steht, gleichgültig auf welcher Seite sie gekämpft haben und gestorben sind.

Krieg ist für uns Deutsche außerhalb der Vorstellungskraft, auch wenn unsere Soldaten heute in Afghanistan im Einsatz sind. Und die Konflikte an der Peripherie Europas scheinen weit weg zu sein. Doch auch bei uns ist der Frieden keine Selbstverständlichkeit. Nichts schärft dafür mehr das Bewusstsein als der Rückblick auf die Geschichte des 20. Jahrhunderts und auf dessen Urkatastrophe. Auch deshalb legen wir ein multimediales Projekt zum Großen Krieg vor, zu dem neben einem interaktiven Online-Feature auch dieses Buch gehört.

Kai Diekmann

Hoch zu Ross. Ein Kompaniechef meldet dem Kommandeur, dass das Bataillon angetreten ist. Es ist eines von mehr als 1000 Fotos, die Fritz Rümmelein während des Ersten Weltkriegs gemacht hat

Inhalt

Ein Leutnant steht für eine ganze Generation Einleitung — 8

„Weihnachten sind wir wieder daheim" August 1914 – Februar 1915 — 14
Der Holzhändler-Sohn Fritz Rümmelein zieht begeistert in den Krieg

„Da kommt kein Franzmann durch" März 1915 – Juni 1916 — 40
Der Leutnant der Reserve kämpft in der östlichen Champagne

„Alles ist hier in Grund und Boden geschossen" Juli 1916 – Dezember 1916 — 64
Der Bataillonsadjutant überlebt die Hölle von Verdun

„Die Kanonen sind feste bei der Arbeit" Januar 1917 – Oktober 1917 — 88
Fritz Rümmelein wird beim Sturm auf den Mont Cornillet lebendig begraben

„Sie sehen gefährlich aus, die stählernen Ungeheuer" November 1917 – Juni 1918 — 108
Der Adjutant führt in der Großen Schlacht um Frankreich das Bataillon

„Dann lieber einen ehrlichen Soldatentod" Juli 1918 – Dezember 1918 — 138
Der Pour le Mérite-Träger fällt eine Woche vor Kriegsende

„Er ist ein Vorbild für die Jugend" 1918 – 1939 — 156
Fritz Rümmelein wird von der NS-Propaganda missbraucht

„Die, die hier kämpften, wollten keinen Krieg" Ein Jahrhundert später — 172
Auf den Spuren des Gefallenen im Nordosten Frankreichs

Anhang Karten, Namens- und Ortsregister — 196

Ein Leutnant steht für eine ganze Generation

EINLEITUNG

Truppenschau. Karl von Wenckstern inspiziert sein 3. Bataillon des 87. Reserve-Infanterie-Regiments. Die meisten der Soldaten sind aus dem Ersten Weltkrieg nicht zurückgekehrt

EINLEITUNG

Die Geschichte des Leutnants Fritz Rümmelein ist in vielerlei Hinsicht bemerkenswert. Knapp 19-jährig meldet sich der Sohn eines Holzhändlers am 2. August 1914, gleich zu Beginn des Ersten Weltkriegs, als Kriegsfreiwilliger bei einem hessischen Reserve-Infanterie-Regiment. Er stirbt – nur eine Woche, bevor das Völkerringen mit dem Waffenstillstand von Compiègne am 11. November 1918 sein Ende findet. Auf dem Schlachtfeld fällt jedoch kein einfacher Soldat, sondern – nach dem Verständnis seiner Zeit – ein Kriegsheld. Denn Fritz Rümmelein wird für seinen Einsatz beim Rückzug im Westen mit dem Pour le Mérite, der höchsten Tapferkeitsmedaille des deutschen Kaiserreichs, dekoriert. Er ist damit der einzige Bataillonsadjutant des Ersten Weltkriegs, dem diese zwischen 1914 und 1918 nur 687-mal verliehene Auszeichnung zuteilwird.

Bei allem, was den Leutnant aus dem Massenheer der Soldaten heraushebt, steht er doch gleichzeitig für eine ganze Generation von jungen Männern, die in jenem August überall in Europa zu den Fahnen eilen. Die Bilder vom Ausrücken der Truppen, vom patriotischen, ja nationalistischen Taumel, der die Menschen besonders im aufstrebenden wilhelminischen Deutschland erfasst, befremden aus heutiger Sicht. Doch denjenigen, die damals in den Krieg ziehen, sind ihre Vaterländer heilig. Sie sind so erzogen worden und fühlen sich als Teil ihrer Nation und nicht als Individualisten. Und wenn das Vaterland sie braucht, dann stehen sie bereit. Pflicht und Treue sind dabei die Maximen ihres Handelns, Pflicht und Treue notfalls auch um den Preis des eigenen Lebens. Dies gilt in besonderem Maße auch für den Leutnant und Bataillonsadjutanten Fritz Rümmelein, der seine Feldpostbriefe und -karten stets – und bis zum Ende – mit „Euer treuer Fritz" unterschreibt.

Hinzu kommt, dass diejenigen, die ins Feld ziehen, nicht im Entferntesten eine Vorstellung von dem haben, was sie erwartet. Krieg kennen sie nicht. Der letzte liegt mehr als 40 Jahre zurück. Nur noch die Großväter erzählen von 1870/71, verklärend, romantisierend von Kavallerieattacken und Artillerieduellen und natürlich vom deutschen Sieg. Was den Jungen nicht bewusst ist, sind die Auswirkungen der industriellen Revolution auf Waffentechnik und Kriegführung. Sie erst ermöglichen die massenhafte Vernichtung des Feindes. Schnell ist dann auch die Begeisterung der Augusttage verflogen, als die jungen Soldaten die Wirklichkeit dieses modernen Krieges draußen im Felde erfahren.

EINLEITUNG

Mehr als vier lange Jahre teilt Fritz Rümmelein mit Millionen anderen das harte Los der Frontsoldaten. Für welches der vielen Vaterländer sie dabei auch kämpfen, nicht nur ihr entbehrungsreiches Leben in den Gräben gleicht sich, sondern auch ihr Denken. Alle glauben, dass sie es seien, die Recht und Moral auf ihrer Seite haben – nicht zuletzt, weil sie der Nationalismus jener Zeit das eigene Vaterland über das des anderen stellen lässt. Und ihre Hoffnungen unterscheiden sich ebenfalls nicht. Sie wollen bei aller Pflichterfüllung überleben und nach dem Sieg über den Feind ihre Familien und die Heimat wiedersehen. Fast neuneinhalb Millionen Soldaten aus mehr als 30 Ländern, darunter zwei Millionen Deutschen, ist dies nicht vergönnt; auch dem Leutnant Fritz Rümmelein nicht.

Zur Katastrophe wird der Erste Weltkrieg aber nicht nur für die Hinterbliebenen oder für die Millionen Kriegsversehrten, sondern auch für das alte Europa. Die Historiker sprechen sogar von einer Urkatastrophe. Denn der Erste Weltkrieg ist nicht irgendein Krieg, an den erinnert wird, weil sich sein Beginn zum hundertsten Mal jährt. Er ist vielmehr ein Krieg, der eine Abfolge von Ereignissen nach sich zieht, die das gesamte 20. Jahrhundert bestimmen. Die ungeheuren Menschenopfer und Verwüstungen haben einen solchen Hass gesät, dass die Siegermächte nicht in der Lage sind, Europa eine tragfähige Friedensordnung zu geben, indem sie die Verlierer gleichberechtigt in diese miteinbeziehen.

Stattdessen rechnen sie auf der Versailler Konferenz und den Folgekonferenzen 1919/20 mit den Mittelmächten, insbesondere aber mit Deutschland ab. Beträchtliche Gebietsabtretungen an vier angrenzende Länder, die ein Siebtel des Reichsgebiets ausmachen, gewaltige Reparationen und die Zuweisung der alleinigen Schuld am Weltkrieg schüren dort wiederum neuen Hass und Revanchegelüste. Zusammen mit der Weltwirtschaftskrise vom Ende der 20er-Jahre bietet Versailles einen idealen Nährboden für Hitler, der Deutschland und die Welt in einen zweiten, noch furchtbareren Krieg führt. Durch ihn gehen die Lichter in Europa tatsächlich aus, wie es ein namhafter britischer Politiker 1914 vorhergesagt hat. An die Stelle des alten Kraftzentrums tritt nun ein halbes Jahrhundert lang eine neue, bipolare Weltordnung – mit den Vereinigten Staaten im Westen und der Sowjetunion im Osten.

Doch nicht nur das sind die Folgen des Ersten Weltkriegs, sondern auch eine Vielzahl anderer Konflikte. So werden nach seinem Ende von den Siegern aus der Konkurs-

EINLEITUNG

masse des untergegangenen österreichisch-ungarischen Vielvölkerstaates die neuen Vielvölkerstaaten Jugoslawien und die Tschechoslowakei aus der Taufe gehoben. Ungarn muss an fast alle seine Nachbarn weite Teile seines Territoriums abtreten. Nur durch autoritäre Regime und seit 1945 durch die kommunistische Zwangsherrschaft können die daraus resultierenden Nationalitätenkonflikte unterdrückt werden. Sie brechen wieder auf und führen zum Zerfall Jugoslawiens und der Spaltung der Tschechoslowakei, als Ende der 80er-Jahre die friedliche Revolution in Ostmitteleuropa zu obsiegen beginnt.

Im Ersten Weltkrieg wurzeln aber auch Konflikte des Nahen Ostens, einschließlich desjenigen zwischen Israelis und Arabern. Die transjordanische Landbrücke gehört bis 1918 zum mit Deutschland und Österreich-Ungarn verbündeten Osmanischen Reich. Als es bei Kriegsende aufhört zu bestehen, ziehen Briten und Franzosen im Namen einer neuen Friedensordnung recht willkürliche Grenzen. Sie stiften damit einen Frieden, der bis auf den heutigen Tag allen Frieden unmöglich macht.

Die Folgekonflikte sind weniger Gegenstand der Flut von Büchern, die aus Anlass der 100. Wiederkehr des August 1914 erschienen sind. In diesen kreist die Diskussion auch immer wieder um die Kriegsschuldfrage. Die einen folgen der seit Ende der 60er-Jahre verbreiteten These von der deutschen Hauptschuld und ziehen eine gerade Linie vom wilhelminischen Imperialismus zu Hitler. Die anderen bestreiten das und vertreten stattdessen die Auffassung, dass der Ausbruch des Ersten Weltkriegs eine verhängnisvolle, einem Automatismus ähnelnde Abfolge von Ereignissen sei. Niemand unter den Hauptbeteiligten habe diesen Krieg gewollt, aber auch niemand habe ihn verhindert, lässt sich diese Position zusammenfassen.

In den Hintergrund gerät bei alldem, wie der Krieg von den Soldaten erlebt wurde. Die Zeitzeugen, die darüber berichten könnten, sind längst nicht mehr. Und was an Briefen und Fotografien erhalten blieb, ist zumeist bruchstückhaft. Umso wertvoller ist das, was Fritz Rümmelein der Nachwelt hinterlassen hat. Das sind zunächst einmal weit mehr als 1000 bisher nicht gezeigte Fotografien, die er während der vier Jahre im Weltkrieg machte und die in zehn alten Steckfotoalben bei einem niederbayerischen Militaria-Händler auftauchten. Der Leutnant fotografierte mit seiner 6×6-Zentimeter-Kamera das Dasein in den Stellungen und den Kampf seines Reserve-Infanterie-Regiments in der Champagne, vor Verdun und im Artois. Er bildete das Leben in den Ruheräumen und Truppenlagern hinter der Front in all seinen Facetten ab; er zeigte die

EINLEITUNG

mörderischen Innovationen des Ersten Weltkriegs, der waffentechnisch im 19. Jahrhundert begonnen hatte und im 20. endete – technische Innovationen wie Flugzeuge und Tanks, wie man die ersten Panzer nannte. Er fotografierte aber auch die hässliche Fratze des Soldatentodes und die liebevoll hergerichteten Gräber der gefallenen Kameraden.

Neben der fotografischen Dokumentation steht die nicht minder bemerkenswerte schriftliche Hinterlassenschaft Fritz Rümmeleins. So führt er zeitweise ein Tagebuch, in dem er etwa seine Erlebnisse vor Verdun im Jahr 1916 oder während der Panzerschlacht von Cambrai Ende 1917 festhält. Neben den kleinen, voll geschriebenen Kladden, die sich bei einem seiner Neffen im oberfränkischen Hof fanden, verwahrte seine Nichte im niederbayerischen Zwiesel ganze Bündel von Feldpostbriefen und -karten, die der Leutnant nach Hause schrieb, darunter auch eine mehr als 20 Seiten füllende handschriftliche Schilderung der erbitterten Kämpfe vom Oktober 1918, in deren Folge er mit dem Pour le Mérite ausgezeichnet wurde. Sie lagen zusammen mit seiner Pickelhaube, seiner Offiziersmütze und anderen Ausrüstungsgegenständen samt Kartentasche mit militärischen Lageplänen in einer alten hölzernen Munitionskiste. Sie kam mit dem in einen Zinksarg eingelöteten Leichnam im Dezember 1918 vom westlichen Kriegsschauplatz nach Zwiesel, wo sie auf dem Dachboden seines Elternhauses fast ein ganzes Jahrhundert überdauert hat.

Diese breite Überlieferung in Schrift und Bild ermöglicht es heute, sich eine Vorstellung vom Leben und Sterben des Leutnants Fritz Rümmelein an der Westfront zu machen, ihn sozusagen auf seinem ebenso kurzen wie tragischen Lebensweg zu begleiten. Es ist in gewisser Hinsicht Geschichte von unten, die die von oben verursachte Katastrophe, die vor 100 Jahren ihren Anfang nahm, intensiver, weil emotionaler ins Bewusstsein rückt, als es die gängigen Darstellungen und Analysen tun. Dennoch soll hier der historische Kontext nicht fehlen, genauso wenig wie zahlreiche neu angefertigte Kartenwerke. Alles zusammen erst macht aus der Geschichte von der gnadenlosen Lebenswirklichkeit des Frontkämpfers Fritz Rümmelein gleichzeitig eine kleine Geschichte des Großen Kriegs, der nicht vergessen werden sollte.

„Weihnachten sind wir wieder daheim"
AUGUST 1914 – FEBRUAR 1915

Patriotismus. Die Menschen sind überall in Deutschland und Europa auf den Straßen, als der Krieg beginnt. Der noch nicht 19 Jahre alte Fritz Rümmelein meldet sich sogleich bei einem Hanauer Reserve-Infanterie-Regiment als Einjährig-Kriegsfreiwilliger

KAPITEL I

Der Holzhändler-Sohn Fritz Rümmelein zieht begeistert in den Krieg

Die Nachrichten überschlagen sich am 1. August 1914, an diesem wunderbaren Sommertag. Die Jungen, die das Extra-Blatt des „Hanauer Anzeigers" verteilen, schreien sie hinaus: Das Deutsche Reich hat Russland den Krieg erklärt. Frankreich macht mobil. In der hessischen Stadt kommt es zu Menschenansammlungen. Hochrufe auf den Kaiser ertönen. Vaterländische Lieder werden spontan angestimmt. Auch die Hanauer sind dem nationalen Taumel erlegen. Überall flackert Kriegsbegeisterung auf. Tausende sind dabei, als die Soldaten mit klingendem Spiel aus der Garnisonsstadt ausrücken. Vor den Meldestellen des königlich-preußischen Heeres stehen derweil junge Männer. Sie alle wollen auf dem Feld der Ehre, wie man das Schlachtfeld damals genannt hat, ihre patriotische Pflicht erfüllen. Unter ihnen ist auch der schmächtige, 18 Jahre alte Fritz Rümmelein.

Er ist am 9. August 1895 als Sohn eines wohlhabenden Holzhändlers im niederbayerischen Zwiesel geboren und dort auch aufgewachsen. Vater Heinrich ist ein aus dem Württembergischen stammender Protestant. Mutter Karolina ist katholisch und kommt aus dem Bayerischen Wald. Die Rümmeleins, allen voran Familienoberhaupt Heinrich, sind national orientiert. Sie verehren den Hohenzollern-Kaiser. In ihrem Wohnzimmer hängt dann auch das Bildnis Wilhelms II. und nicht das des bayerischen Monarchen.

Vaterlandsliebe und unbedingte Treue sind die Werte, die die Eltern ihren fünf Kindern, insbesondere den vier Jungs, vermitteln. Die wachsen in einer beschaulichen Welt auf, zu der die weiten Wälder um den Großen Arber ebenso gehören wie das väterliche Sägewerk oder das Haus am Stadtrand von Zwiesel. Fritz, der Erstgeborene der Rümmelein-Kinder, ist nach Regensburg auf das Königliche Alte Gymnasium geschickt worden, denn als Protestant ist ihm der Zugang zu einer der näher gelegenen katholischen Klosterschulen verwehrt.

Der Junge fühlt sich auf dem humanistischen Elite-Gymnasium, auf dem er Griechisch und Latein lernen muss, aber nicht so recht wohl. Seine schulischen Leistungen

Übermut. Die Eisenbahnwagen, in denen die Freiwilligen zu den Garnisonen fahren, sind mit allerlei markigen Sprüchen versehen

AUGUST 1914 – FEBRUAR 1915

sind daher zumeist nur „genügend", wie aus den heute noch existierenden Zeugnissen hervorgeht. Nur in Geschichte, Religion und Sport kann er gute Noten vorweisen. Den Vater lässt er daher 1913 wissen, dass er heuer, wenn er „durchkomme", was Gott geben möge, aus der Schule austreten und ins Geschäft eintreten werde. „Lieber plag ich mich einmal als Kaufmann, als dass ich mich noch 10 – 15 Jahre herumschlag und dann erst angestellt werde. Dann verdien ich mir ehe mein Brot und mach Euch, liebe Eltern, keine so großen Kosten mehr." Seine Lehrer bestärken ihn darin. „Er tut (...) gut daran, sich einer anderen Laufbahn zuzuwenden", haben sie ihm ins Zeugnis geschrieben. So ist Fritz in die Fußstapfen des Vaters getreten. Deshalb hat er eine Ausbildung zum Holzkaufmann bei Conrad Fuss, einem der Familie bekannten Geschäftsfreund, in Hanau begonnen.

Wohlstand und Stolz. Die erwachsenen Angehörigen der Familie Rümmelein haben sich samt Personal vor dem Zwieseler Anwesen zum Schnappschuss aufgestellt

Ausbruch des Krieges

Ein Attentat ließ Europa in seine Urkatastrophe taumeln: Am 28. Juni 1914 wurden der österreichisch-ungarische Thronfolger Erzherzog Franz Ferdinand und seine Frau, Herzogin Sophie von Hohenberg, bei einem Manöverbesuch in der bosnischen Hauptstadt Sarajevo von dem Gymnasiasten Gavrilo Princip ermordet. Der festgenommene Princip stand unter dem Einfluss der „Schwarzen Hand", eines Geheimbunds serbischer Nationalisten, die die Annexion Bosniens durch Österreich im Jahr 1908 ablehnten. In Bosnien lebten neben katholischen Kroaten und muslimischen Bosniaken orthodoxe Serben, denen das k. u. k.-Regime verhasst war.

Der großserbische Nationalismus fühlte sich durch Österreich bedroht. Umgekehrt war der einzige unabhängige slawische Staat auf dem Balkan der österreichischen Kriegspartei um Feldmarschall Graf Conrad von Hötzendorf ein Dorn im Auge. Die Ermordung des Thronfolgers war ihnen der willkommene Anlass, mit Serbien abzurechnen.

Ein österreichisches Vorgehen gegen Serbien würde unweigerlich Russland auf den Plan rufen. Dieses Risiko konnte der schwächelnde Vielvölkerstaat nur mit der Rückendeckung des Deutschen Reiches wagen, der wirtschaftlich und militärisch stärksten Macht des Kontinents. Deutschland und Österreich waren seit 1879 in „Nibelungentreue" miteinander verbündet. Doch wollte man wegen Österreichs Interessen auf dem Balkan einen europäischen Krieg riskieren?

Die Neigung in Berlin dazu war gering. Der Deutsche Kaiser Wilhelm II. hatte erst ein Jahr zuvor sein 25-jähriges Regierungsjubiläum als „Friedenskaiser" begangen. Wie gewohnt begab sich Wilhelm auch im Sommer 1914 auf seine Nordlandfahrt. Er wollte keinen Krieg, ebenso wenig der amtierende Reichskanzler, der liberale Theobald von Bethmann Hollweg. Auch Österreichs Kaiser Franz Joseph I. hatte mit seinen 83 Jahren keine kriegerischen Ambitionen mehr. Doch der Monarch wähnte sich einer übermächtigen Kriegspartei in seiner Regierung gegenüber.

Am 6. Juli 1914 erreichte der Wiener Sondergesandte Graf Hoyos die Ausstellung der sogenannten Blankovollmacht durch die deutsche Reichsleitung. Das bedeutete, dass Deutschland Österreich seine volle Unterstützung im Falle eines militärischen Konflikts zusicherte. Dass es zu einem großen Krieg kommen würde, glaubten zu diesem Zeitpunkt in Berlin die wenigsten. Doch in Wien eskalierte die Kriegspartei die Lage, indem sie am 23. Juli ihr berüchtigtes Ultimatum an Serbien richtete. Darin wurde neben der schnellen Aufklärung des Attentats die österreichische Beteiligung an der serbischen Untersuchung und an dem Gerichtsverfahren gefordert – beides für einen souveränen Staat kaum annehmbare Bedingungen.

Zwei Tage später ging die serbische Antwort in Wien ein. Erwartungsgemäß wurde das Ultimatum angenommen, mit Ausnahme eben jener zwei Punkte. Als der Deutsche Kaiser davon hörte, glaubte er immer noch an eine friedliche Beilegung der Krise und rief aus: „Damit fällt jeder Kriegsgrund fort!" Österreich sah dies allerdings anders: Am 28. Juli eröffnete es die Feindseligkeiten gegen Serbien.

Was nun geschah, glich einer Kettenreaktion: Russland machte mobil und stellte Österreich das Ultimatum, seine Truppen unverzüglich von serbischem Boden zurückzuziehen. Die russische Generalmobilmachung hatte wiederum die deutsche Kriegserklärung an das Zarenreich zur Folge. Da Russland mit Frankreich verbündet war, das die Annexion Elsass-Lothringens durch Deutschland im Jahr 1871 nicht vergessen hatte und auf Revanche sann, erklärte der deutsche Kaiser am 3. August auch Frankreich den Krieg und ließ drei von sieben Armeen über belgisches Gebiet nach Westen vorrücken. Die Verletzung der belgischen Neutralität rief Großbritannien auf den Plan, das die Souveränität Belgiens völkerrechtlich garantiert hatte. Gegen Bedenken in der eigenen Regierung stellte London nun Berlin ein Ultimatum, sich aus Belgien zurückzuziehen. Da es ohne eine deutsche Reaktion ablief, erklärte Großbritannien am 4. August und kurz darauf auch die Commonwealth-Staaten dem Deutschen Reich den Krieg. Am 6. August erfolgte schließlich die Kriegserklärung Österreich-Ungarns an Russland.

Nur die wenigsten ahnten in jenem August, dass dieser Krieg eine Epoche beenden würde. Einer von ihnen war Englands Außenminister Sir Edward Grey, der die berühmten Worte sprach: „In Europa gehen die Lichter aus. Und wir werden sie nie wieder leuchten sehen." Er sollte recht behalten.

Kaiser Wilhelm II. Der Monarch wollte den Krieg nicht, tat aber auch nichts, um ihn zu verhindern

Trutzbund. Er bestand aus dem Deutschen Reich, der österreichisch-ungarischen Doppelmonarchie und dem Osmanischen Reich

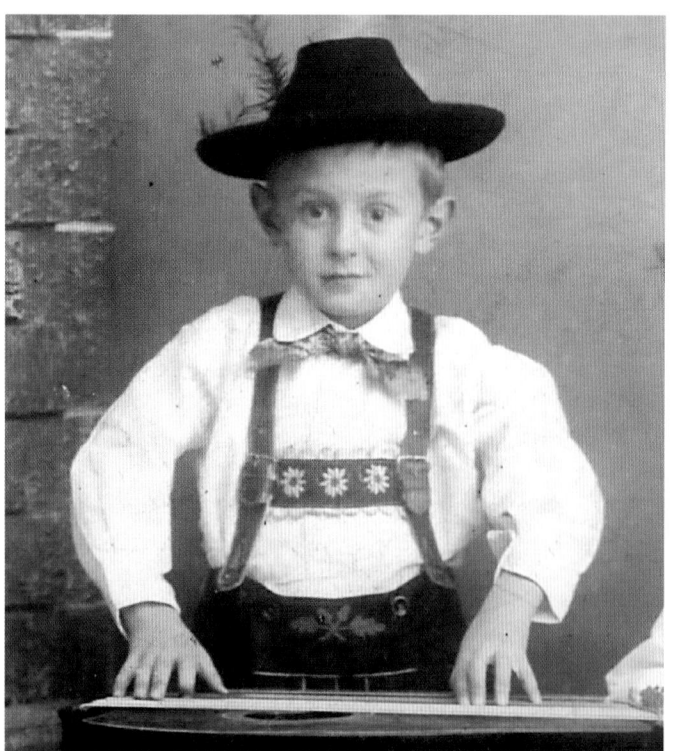

Heimatverbundenheit. Fritz Rümmelein spielt in Lederhose und Trachtenhut die Zither

Konfirmations-Zeugnis

für

Rümmelein, Friedrich Heinrich

Sohn des Kaufmanns Heinrich Rümmelein in Zwiesel, protest.

und seiner Ehefrau Karoline geb. Forster, kath. wurde

geboren zu Zwiesel den 9. August 1895

getauft zu Zwiesel den 15. August 1895

konfirmiert den 4. April 1909 nach evangelisch-lutherischem Ritus in der protestantischen Pfarr-Kirche zu Zwiesel von Reiseprediger Wolf.

Zwiesel, den 4. April 1909

Protest. Reisepredigerstelle:
Königl. bayer. protest. ~~Pfarramt.~~

Michael Wolf prot. Reiseprediger.

PROTESTANT. REISEPREDIGERSTELLE ZWIESEL.

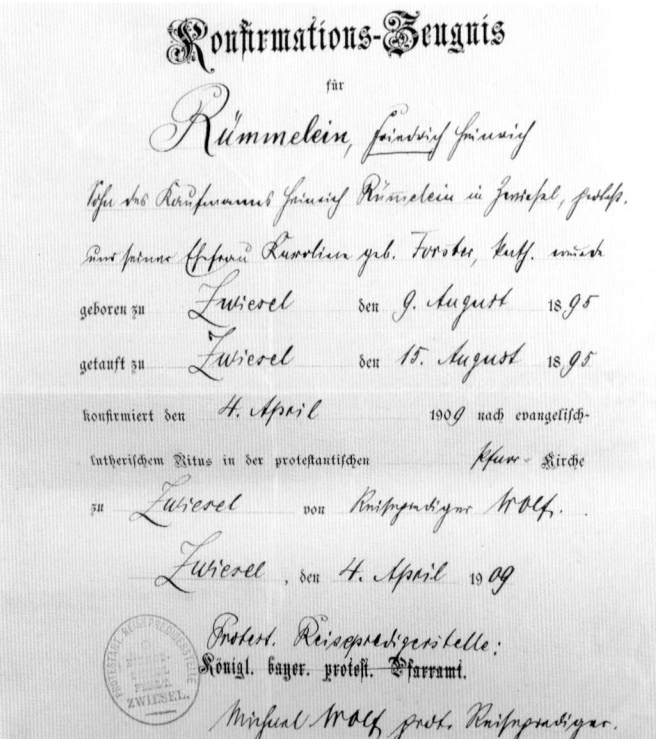

Protestant. Der Sohn des Sägewerksbesitzers ist anders als die Mehrheit der Zwieseler Bevölkerung nicht katholisch

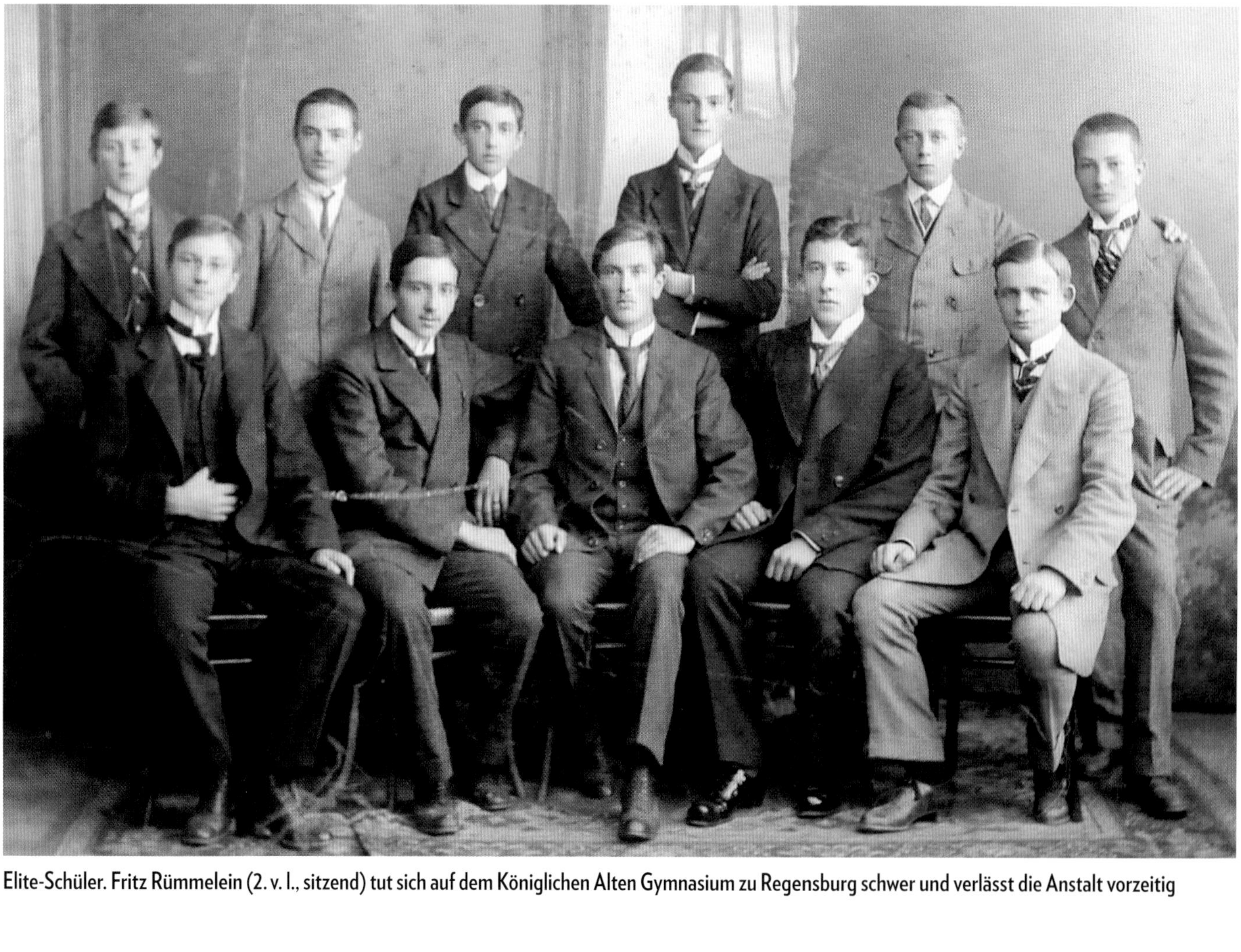

Elite-Schüler. Fritz Rümmelein (2. v. l., sitzend) tut sich auf dem Königlichen Alten Gymnasium zu Regensburg schwer und verlässt die Anstalt vorzeitig

Gleichschritt. Preußischer Drill steht im Mittelpunkt der militärischen Grundausbildung, die sich nach Kriegsbeginn auf ein paar wenige Wochen beschränkt

Doch all das tritt durch die Ereignisse des Sommers 1914 für Fritz in den Hintergrund. Denn auch er will dabei sein, wenn das Kaiserreich nunmehr zu neuen Ufern aufbricht und sich den Platz in der Welt erobert, der ihm nach Auffassung der allermeisten Deutschen längst gebührt. Am 2. August hat er sich daher als Einjährig-Kriegsfreiwilliger beim 88. Reserve-Infanterie-Regiment in Hanau gemeldet. Und Weihnachten seien sie nach siegreichem Feldzug ohnehin wieder daheim, glaubt auch er.

Die militärische Ausbildung, die ihm zuteil wird, ist schnell und unzulänglich: preußischer Drill, ob beim Exerzieren, der Leibesertüchtigung oder beim Umgang mit den Waffen, allen voran mit dem Gewehr 98, der „Braut" des Soldaten. Nach Hause schreibt Fritz, der freilich auch eine infanteristische Gefechtsausbildung erhält, am 18. August 1914, „als Soldat heißt's früh aufstehen. (...) Wir werden schon stramm exerziert. Seit Sonntag haben wir unsere Gewehre. (...) Um 6 Uhr geht's mit Gewehr auf den Exerzierplatz. Leider ist das Wetter zur Zeit sehr schlecht. Lasst bitte bald wieder was hören. In treuer Liebe grüßt Euch Euer Fritz."

AUGUST 1914 – FEBRUAR 1915

Bevor es an die Front geht, muss Fritz noch eine Einverständniserklärung des „gesetzlichen Vertreters" nachreichen, denn er ist noch keine 21 Jahre alt und damit nicht volljährig. Für seinen durch und durch patriotischen Vater ist die Unterschrift eine Frage der Ehre und damit eine Selbstverständlichkeit. Auch, dass er – wie damals üblich – die Kosten für Unterhalt und Ausrüstung des Freiwilligen bezahlt.

Am 5. Oktober 1914 rückt der notdürftig ausgebildete Infanterist Fritz Rümmelein schließlich mit seinem Regiment ins Feld – nach Westen, wo der Krieg auf der ganzen Frontlinie von Flandern bis herunter nach Lothringen zum Stellungskrieg erstarrt ist. Bis vor die Tore der französischen Hauptstadt ist das kaiserliche Heer En-

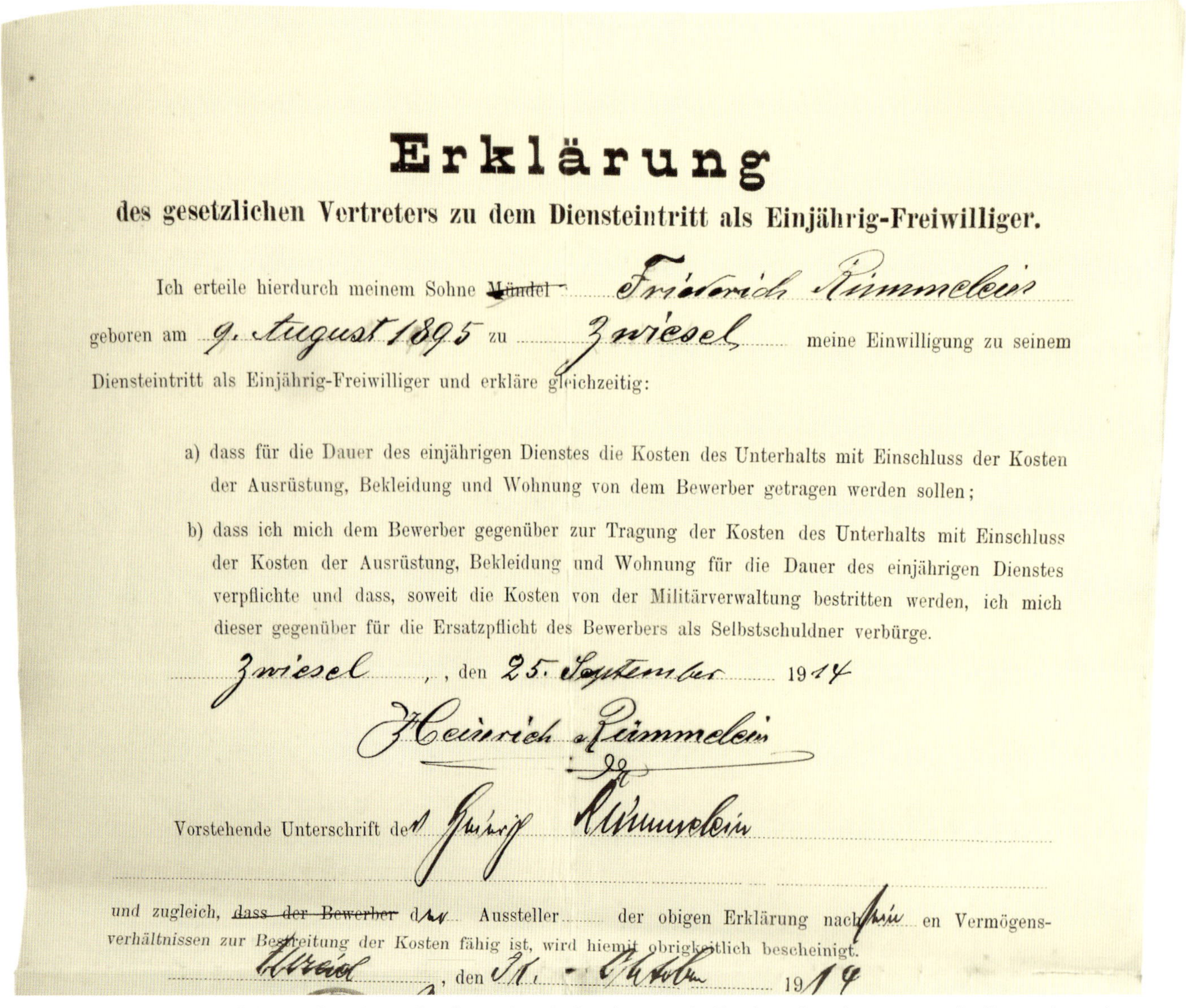

Kriegsmündigkeit. Wer nicht volljährig ist, braucht, wie Fritz Rümmelein, die Genehmigung des Erziehungsberechtigten, um in den Krieg ziehen zu können

Scheitern an der Marne

Das Problem des Großen Generalstabs zu Beginn des Ersten Weltkriegs war der Zweifrontenkrieg. Hatte noch Reichskanzler Otto von Bismarck durch eine kluge Bündnispolitik die strategisch schwierige geopolitische Mittellage Deutschlands kompensieren können, so war dies unter Wilhelm II. nicht mehr der Fall. Russland stellte sich nach der Nichtverlängerung des Rückversicherungsvertrags 1890 mehr und mehr gegen das Deutsche Reich und verbündete sich mit Frankreich.

Die Antwort Berlins auf die Einkreisung war der Schlieffen-Plan. Im Jahr 1906 wurde er zur Arbeitsgrundlage des Großen Generalstabs unter seinem neuen Chef, Generaloberst Helmuth von Moltke jr. Kaiser Wilhelm II. billigte ihn auf dem Kriegsrat vom 8. Dezember 1912.

Der Schlieffen-Plan sah vor, eine einzige Armee im Osten zu belassen und die Masse der deutschen Truppen zunächst im Westen einzusetzen. Die Angriffsarmeen sollten die französischen Streitkräfte von Norden her (also durch das neutrale Belgien) umfassen und in einer großen Bewegung nach Süden Richtung Schweizer Grenze drücken. Erst nach einem schnellen Sieg über Frankreich sollten die deutschen Armeen an die Ostfront verlegt werden, um den russischen Koloss – notfalls in einem längeren Feldzug – niederzuringen.

Bei Kriegsbeginn im August 1914 gelangte der Schlieffen-Plan dann modifiziert zur Anwendung. Während die 8. Armee unter General Paul von Hindenburg, dem späteren Reichspräsidenten, in Ostpreußen verblieb, rückten die sieben deutschen Armeen, die im Westen standen, zunächst wie geplant über Belgien und von Lothringen aus nach Frankreich vor. Doch der harte Widerstand der regulären belgischen Streitkräfte, aber auch die Aktivitäten von Partisanen verlangsamten den Vormarsch der deutschen Truppen, die Ende August die Somme erreichten. Doch nun mussten zwei Armeekorps des rechten Flügels wegen des unerwartet schnell erfolgenden russischen Angriffs auf Ostpreußen abgezogen werden, sodass die deutschen Kräfte für die ganz große Umfassung, wie sie der Schlieffen-Plan vorsah, nicht mehr ausreichten. Die deutschen Truppen rückten nun statt westlich um Paris herum in einem engeren Bogen östlich an der französischen Hauptstadt vorbei und stießen zur Marne vor.

An der Marne stellten sich die Franzosen und ein britisches Expeditionskorps den Deutschen Anfang September 1914 entgegen. Der französische Oberbefehlshaber Joseph Joffre stieß zusätzlich mit allem, was noch an Truppen aufzutreiben war – sogar mithilfe beschlagnahmter Taxis ließ er Soldaten an die Front bringen –, von Paris aus in die westliche Flanke des rasanten deutschen Vormarsches hinein. Alexander von Kluck zog nun Teile seiner 1. Armee, die schon südöstlich der französischen Hauptstadt stand, zurück, um sich der Bedrohung aus dem Westen zu stellen. Dadurch entstand eine 40 bis 50 Kilometer breite Lücke zu Karl von Bülows 2. Armee.

Zwischen den Armee-Oberbefehlshabern kamen nun Meinungsverschiedenheiten auf. Von Kluck sah die Lücke nicht als ernst zu nehmende Gefahr für die deutschen Operationen an. Er wollte die schnelle Entscheidungsschlacht. Von Bülow war anderer Auffassung. In der Obersten Heeresleitung im 300 Kilometer hinter der Front gelegenen Luxemburg verlor Generalstabschef von Moltke nun die Übersicht und schließlich auch die Nerven. Er entsandte den Oberstleutnant Richard Hentsch als seinen Beauftragten zu den Armeeoberbefehlshabern. Schließlich ordnete dieser nach Rücksprache mit Bülow unter dem Protest von Klucks die Rücknahme der gesamten Front an die Aisne an, wo sie in einem jahrelangen, verlustreichen Stellungskrieg erstarrte.

Für die Franzosen, deren Regierung sich am 3. September 1914 bereits aus Paris nach Bordeaux abgesetzt hatte, kam der überstürzte Rückzug der Deutschen völlig überraschend. Sie sprachen bald vom „Wunder an der Marne". Auf deutscher Seite wurde die Marne-Schlacht zum bleibenden Trauma. Noch viele Jahre nach dem Krieg wurde über die Schlacht und über die Entscheidung von Moltkes überaus kontrovers diskutiert.

Der Generalstabschef von Moltke wurde noch im September 1914 seines Amtes enthoben und durch den preußischen Kriegsminister, General Erich von Falkenhayn (2. OHL), ersetzt. Dieser meinte später – nachdem auch er das Kriegsglück nicht hatte wenden können – gegenüber Reichskanzler von Bethmann Hollweg: „Nach der Marne-Schlacht war der Krieg für uns verloren!"

Helmuth von Moltke jr. Der deutsche Generalstabschef saß während der Marne-Schlacht in seinem luxemburgischen Hauptquartier und verlor die Übersicht

Erdarbeiten. Die ersten Wochen an der Front verbringen Fritz Rümmelein und seine Kameraden mit Tätigkeiten, die eher Sache der Pioniere sind

Verpflegung. Die Gulaschkanone liefert die tägliche Hauptmahlzeit

Zerstreuung. Das Bier, das der Kamerad von Fritz Rümmelein trinkt, kommt aus Bayern

Waldlager. Die „Schwerinsburg" zwischen Séchault und Cernay-en-Dormois ist eines der zahlreichen Camps hinter der Front

Ruine. Die Kirche von Cernay-en-Dormois ist während der Kämpfe um den Ort zusammengeschossen worden

de August/Anfang September vorgestoßen. An der Marne ist die Wende gekommen. Deutsche Führungsfehler und französische und britische Gegenoffensiven haben die Oberste Heeresleitung unter Helmuth von Moltke jr. veranlasst, die Truppen an die Aisne zurückzunehmen, wo sie sich eingegraben haben.

Am Oberlauf des Flusses, dort, wo die Argonnen in die östliche Champagne auslaufen, ist die 21. Reserve-Division, der Fritz Rümmeleins 88. Infanterie-Regiment angehört, im Einsatz. Die Truppe, die der vom preußischen Kronprinzen Wilhelm kommandierten 5. Armee angehört, ist für Schanzarbeiten herangezogen, das heißt, im Schutze der Dunkelheit bauen die Männer Stellungen. Am 5. November schreibt Fritz seinem Großvater aus einem Waldlager namens „Schwerinsburg" bei Cernay-en-Dormois: „Wir liegen immer noch hier; zur Zeit sind wir mehr Pioniere denn Infanterie." Er meint noch, „dass wir hier auch so schnell nicht wegkommen". Alles ist sehr ernüchternd.

Brennpunkt. Die Aufnahme vom Kanonenberg macht Fritz aus der Stellung seines Regiments

Soldatenpflicht. Wird er den Feind treffen und dessen Leben auslöschen?

Soldatentod. Der Franzose ist beim Kampf um die Höhe 191 gefallen

Die Feuertaufe, die Fritz dann kurz vor Weihnachten erhält, gerät für ihn und für seine Kameraden, die soeben noch im Zivilleben standen, zum Schock. Denn mit den romantischen Vorstellungen, die sie vom Krieg haben, hat es nichts zu tun, als am 20. Dezember 1914 französische Regimenter auf der Linie Prosnes-Perthes-Massiges zum Angriff antreten, um die deutsche Aisne-Front zu durchbrechen. Todesmutig rennen sie über das freie Gelände gegen die deutschen Stellungen an. Sie werden regelrecht niedergemäht. Wo sie dennoch durchkommen und in die Gräben einbrechen, entbrennt der Nahkampf Mann gegen Mann – wenn die Munition verschossen ist – mit Bajonett, Grabenkeule oder Klappspaten. Am grausamsten ist das Gemetzel beim Kampf um die Höhe 191 bei Massiges, die nach zwei Wochen unter fürchterlichen Verlusten

Wettlauf zum Meer

Nach dem Desaster an der Marne unternahm die Oberste Heeresleitung (OHL) unter ihrem neuen Chef Falkenhayn einen zweiten, verzweifelten Versuch, die Entscheidung im Westen zu erzwingen. Man beabsichtigte hierfür, die französischen Streitkräfte im Norden zu umgehen und sie zugleich von den über den Ärmelkanal auf das Festland flutenden britischen Expeditionstruppen abzuschneiden. Daneben galt es für die OHL, die belgische Armee endgültig niederzuwerfen. Vom 12. September bis zum 19. Oktober vollzog sich zwischen dem Fluss Aisne nordöstlich von Paris und der belgischen Nordseeküste dann das, was als „Wettlauf zum Meer" in die Geschichtsbücher einging.

Sturmangriff. Der Kampf der jungen deutschen Regimenter im Herbst 1914 in Langemarck wurde früh verklärt

Er begann mit der Schlacht an der Aisne, nordöstlich der Marne. 26 französische Divisionen unter dem Oberbefehl Joseph Joffres und sechseinhalb britische unter Gerneral John French wollten zwischen Noyon, Soissons und Reims die deutschen Linien in einem schnellen Vorstoß durchbrechen. 720 000 Mann standen 680 000 Deutschen gegenüber. Im Zentrum der Schlacht standen die 80 000 Briten, die am Chemin des Dames, einer Hügelkette westlich von Laon, angriffen. Doch die Offensive fuhr sich fest.

Die Deutschen verlegten nach dem Abwehrerfolg ihre Hauptkräfte nach Norden, um Briten und Franzosen einzukreisen und nach Süden zu drücken. Doch auch diese Operation war erfolglos. So verschoben sich die beiden Frontlinien in dem Versuch, einander gegenseitig zu umgehen, allmählich immer weiter nach Norden über Arras und La Bassée, schließlich auf belgisches Territorium über Ypern bis nach Ostende und Zeebrügge.

Im Zuge dieser Kämpfe gelang es den Deutschen, bis Mitte Oktober 1914 erst das französische Lille, dann das im Hinterland gelegene belgische Antwerpen einzunehmen, beides wichtige Verkehrsknotenpunkte. Am 15. Oktober kapitulierte die Küstenstadt Ostende, was den Zusammenbruch des belgischen Widerstands markierte.

An der Mündung des Flusses Yser kam es daraufhin zu schweren Kämpfen zwischen Engländern und Deutschen, die die erste Flandernschlacht einleiteten. In deren Verlauf stürmten Mitte November 1914 deutsche Soldaten des XXIII. Reservekorps sowie des XV. Armeekorps, unter ihnen vorwiegend Gymnasiasten, Studenten und Lehrlinge, den Ort Langemarck in der Nähe Yperns. Ihre Verluste waren so verheerend, dass sie dem dafür verantwortlichen Kommandierenden General, Berthold von Deimling, den Beinamen „Schlächter von Ypern" einbrachten.

Werbeplakat. Während des Zweiten Weltkriegs existierte eine flämische „SS-Sturmbrigade Langemarck"

Von den Opfern war im Heeresbericht keine Rede, wenn es hieß: „Westlich Langemarck brachen junge Regimenter unter dem Gesange ‚Deutschland, Deutschland über alles' gegen die erste Linie der feindlichen Stellungen vor und nahmen sie. Etwa 2 000 Mann französischer Linieninfanterie wurden gefangengenommen und sechs Maschinengewehre erbeutet."

Um den tausendfachen Tod der schlecht ausgebildeten und unzureichend ausgerüsteten Soldaten, die erst im Oktober an die Front gekommen waren, zu verklären, sprachen die Nationalisten und später auch die Nationalsozialisten vom „Opfergang der deutschen Jugend". Langemarck wurde zum nationalen Mythos, zum Sinnbild deutschen Opfermutes stilisiert.

Für andere war Langemarck nur Symbol für den sinnlosen Tod von Millionen deutscher Soldaten während des Ersten Weltkriegs. Gleichwohl fand Langemarck, wo heute ein zu Beginn der 30er-Jahre angelegter deutscher Soldatenfriedhof an das große Sterben erinnert, Eingang ins kollektive Gedächtnis der Nation. So erwähnte zum Beispiel Erich Maria Remarque Langemarck in seinem berühmten Antikriegsroman „Im Westen nichts Neues".

Die erste Flandernschlacht endete – wie viele Schlachten des Ersten Weltkriegs – ohne Sieger und Verlierer. Keiner Seite gelang es, die feindlichen Linien zu durchbrechen. Der Krieg war nunmehr endgültig zum verlustreichen Grabenkrieg geworden. Bei der Flandern-Schlacht verloren die beiden daran beteiligten deutschen Armeen mindestens 100 000 Soldaten.

Beim „Wettlauf zum Meer" unterlagen die Deutschen jedoch. Nach dem Scheitern des Schlieffen-Plans und dem Rückzug an die Front an Aisne und Chemin des Dames musste es daher auch in Zukunft das Ziel der deutschen Kriegführung bleiben, Calais und die gesamte Küste des Ärmelkanals in Besitz zu nehmen. Denn dort wurde der britische Nachschub abgewickelt, der für die Kriegführung der Entente in Frankreich von entscheidender Bedeutung war.

AUGUST 1914 – FEBRUAR 1915

von französischen Kolonial-Regimentern genommen wird. Von taktischer Bedeutung ist der Geländegewinn von gerade einmal zwei Kilometern freilich nicht.

Fritz fotografiert die Briqueterie, wie die vom Krieg zerfurchte Landschaft in diesem Teil der Champagne heißt. Er macht Bilder von dem umkämpften Kanonenberg, von der neuen, zurückgenommenen Front und vor allem auch von den Kameraden. Er besitzt nämlich seit einigen Wochen eine 6 x 6 Kamera. Mehr als 1000 teils einzigartige fotografische Aufnahmen wird Fritz Rümmelein im Verlaufe des Weltkriegs mit ihr machen und nach Zwiesel schicken. Dort stellt er sie während seiner Heimaturlaube in Einsteckalben zusammen.

Höhlenmensch. Fritz Rümmelein liest in seinem Unterstand, in dem er sich „wohnlich" eingerichtet hat, eine Zeitung aus der Heimat

Mehrladegewehr. Das G 98 ist die Standardwaffe der Infanteristen

Maschinengewehr. Das Bataillon verfügt nur über wenige MG 08

Regen. Das Leben im Graben ist dann besonders beschwerlich

Sonne. Wenn sie scheint, ist alles etwas erträglicher

Briqueterie. So heißt die Landschaft in der östlichen Champagne, in der Fritz zwischen 1914 und 1916 kämpft

Aisne. Der Fluss, hier aufgenommen von der Brücke in Brécy-Brières, durchzieht die Champagne und markiert über Jahre hinweg die Frontlinie

Hitler und der Weltkrieg

Als am 2. August 1914 die Generalmobilmachung für das Deutsche Reich durch Kaiser Wilhelm II. bekannt gegeben wurde, soll sich inmitten der jubelnden Menschenmenge auf dem Münchner Odeonsplatz auch der junge Adolf Hitler befunden haben. Auch wenn manche in der Aufnahme eine Fotomontage sehen, war der junge österreichische Kleinbürgerspross, der aus Wien nach München gekommen war, der nationalen Begeisterung erlegen. Der Krieg bedeutete eine Veränderung der Dinge und verhieß dem einstigen Männerheimbewohner endlich wieder eine Perspektive.

So meldete sich der Mann, der sich im Vorjahr noch dem österreichischen Militärdienst entzogen hatte, Mitte August beim 2. Bayerischen Infanterie-Regiment als Kriegsfreiwilliger. Bereits im darauffolgenden Monat rückte er als Angehöriger des neu aufgestellten 16. Bayerischen Reserve-Infanterie-Regiments an die Westfront aus, genauer gesagt nach Flandern.

Der erste Einsatz von Hitlers Einheit wurde zu einem schrecklichen Debakel. Von den 3000 schlecht ausgebildeten – und ausgerüsteten – Soldaten, die nicht im Entferntesten ahnten, was sie erwarten würde, waren noch ganze acht Offiziere und 750 Unteroffiziere und Mannschaften einsatzfähig.

Seinem Überlebensinstinkt war es wohl zuzuschreiben, dass sich der von der grausamen Wirklichkeit des Krieges schockierte Hitler als Ordonanz zum Regimentsstab meldete. Als solche wurde er auch als Meldeläufer eingesetzt. Obgleich es lebensgefährlich sein konnte, Depeschen nach vorne zu bringen, befand er sich damit in einer weitaus komfortableren Position als die Kameraden in den Gräben, denn anders als diese war er der tödlichen Gefahr nur zeitenweise ausgesetzt.

Und dennoch war der Gefreite Hitler kein Feigling. Seine Kameraden erinnerten sich an einen hilfsbereiten und dienstbeflissenen Soldaten. Und einer seiner Vorgesetzten sagte über ihn, es habe keinen Grund und keine Lage gegeben, in der er sich nicht freiwillig gemeldet hätte zu den schwierigsten, mühevollsten und gefährlichsten Aufträgen...

Dass der Meldeläufer Hitler unbeschadet zurückkehrte, steigerte sein Selbstvertrauen. Er selbst beschrieb einmal, wie er allmählich seine Angst durch einen „eisernen Willen" zu überwinden gelernt habe. Nach den überstandenen Prüfungen der ersten Kriegsjahre fühlte er sich gar als Ausnahmeerscheinung, als einer, der unter dem „Schutz der Vorsehung" stand.

Im Sommer 1916 focht Hitler mit seinem Regiment an der Somme, wo er verwundet wurde. Wieder genesen, diente er in Flandern, seit Ende 1917 in der Champagne und im Artois. Für Hitler endete der Krieg, wo er für ihn begonnen hatte – in Flandern. Dort wurde er bei einem Gasangriff am 13. Oktober 1918 verwundet. Kurzzeitig erblindet, kam er in ein Lazarett im pommerschen Pasewalk, wo er im Monat darauf Revolution und Waffenstillstand erlebte.

Anders als seine Kameraden, die zu den Ihren nach Hause zurückkehrten, drohte Hitler nun, seine Heimat zu verlieren, die er bei der kämpfenden Truppe gefunden hatte. Doch nicht nur das: In der Herkunft und Klassenschranken überwindenden Kameradschaft der Frontkämpfer hatte der entwurzelte Habenichts erstmals so etwas wie Respekt und Anerkennung gefunden. Hier hatte er, dem wohl auch deshalb der Krieg „die unvergesslichste und größte Zeit" seines Lebens gewesen sein will, sich in gewisser Hinsicht neu erfunden.

Niederlage und Revolution setzte Hitler, der weiterhin in den von ihm verklärten Denk- und Wertekategorien der Front dachte, einer Front, an der das Recht des Stärkeren galt, deshalb mit dem Angriff auf seine Person gleich. Inbrünstig begann er – als er Mitte 1919 allmählich in den Dunstkreis völkisch-antisemitischer Sektierer und Zirkel geriet –, diejenigen zu hassen, die er für Deutschlands Niederlage verantwortlich hielt: die Juden.

Hitler, der sich wie viele Frontsoldaten um den Lohn eines entbehrungsreichen Lebens in vier Jahren Krieg betrogen wähnte, wurde Politiker. Und er glaubte an seinen Erfolg, meinte er doch etwas aus dem Ersten Weltkrieg mitgebracht zu haben, das ihn – seiner Auffassung zufolge – überlebensfähig gemacht hatte: die Macht des Willens.

Das für Mannschaftsdienstgrade eher seltene Eiserne Kreuz Erster Klasse, das er zeitlebens an seiner Brust trug, war für Hitler stets auch Ausdruck dieser Gesinnung. Es ist eine Ironie der Geschichte, dass er diese Auszeichnung ausgerechnet auf Vorschlag eines jüdischen Landwehrleutnants erhalten hatte.

Adolf Hitler (r.). Er meldete sich im August 1914 freiwillig bei einem bayerischen Infanterie-Regiment und kam im Oktober desselben Jahres an die Front nach Flandern

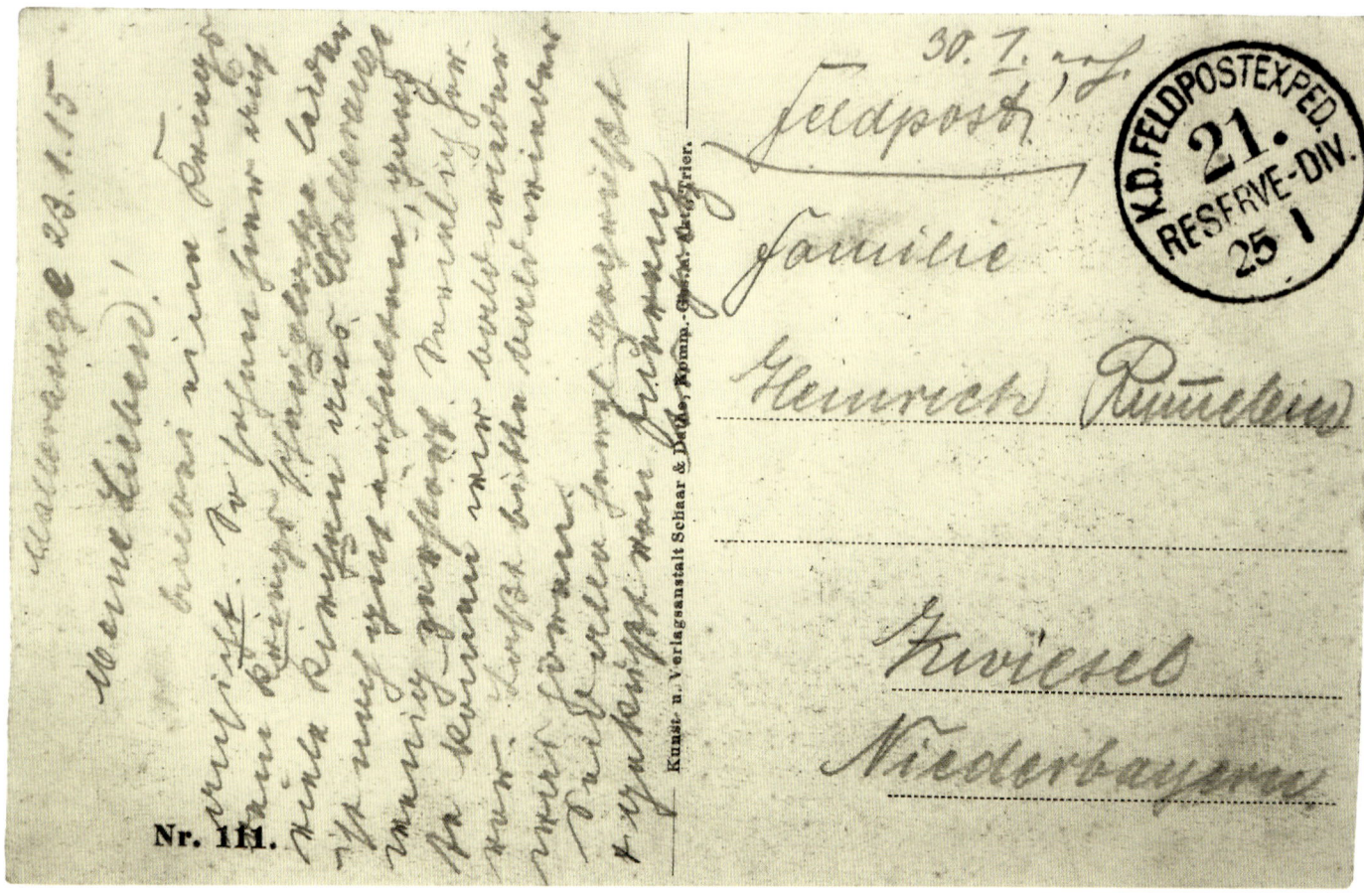

Feldpost. Fritz schreibt unzählige Karten in die Heimat, wie diese vom Januar 1915

Überhaupt pflegt Fritz eine ausgiebige Korrespondenz mit seinen Eltern, den Geschwistern Wilhelmine, Eugen und Heinz, mit dem Großvater, dessen Namen er trägt, aber auch mit den Freunden in Hanau. Die Feldpostbriefe und -karten, die der Infanterist in den Wintermonaten des Jahres 1914/15 schreibt, atmen nichts mehr von den Zeiten des patriotischen Überschwangs zu Kriegsbeginn. Es sind oftmals nur Lebenszeichen, in Grüßen vom „getreuen Fritz" für „die Lieben daheim" verpackt. Kein Wort vom Grauen oder von der verdrängten Angst, will man doch die Angehörigen in der Heimat nicht noch mehr beunruhigen, als sie es schon sind. Und berichtet Fritz einmal vom Krieg, so sind es eher nüchterne Erklärungen allgemeiner Art. So schreibt er am 23. Januar 1915 auf eine an die Familie Heinrich Rümmelein adressierte Feldpostkarte, die die zerschossene Kirche von Cernay zeigt: „So sehen hier auf dem Kriegsschauplatz leider viele Kirchen aus. Challerange (wo sein Bataillon vorrübergehend Ruheraum bezogen hat) ist noch gut erhalten, ganz wenig zerstört."

So sehr Fritz das eigentliche Kriegsgeschehen in seiner Korrespondenz mit der Heimat ausspart, so sehr klingt darin immer wieder sein unverbrüchliches Pflichtbewusst-

Hinterland. Die Ortschaften ein paar Kilometer hinter der Front, wie hier Challerange, sind von Feldgrauen, wie die deutschen Soldaten genannt werden, bevölkert

AUGUST 1914 – FEBRUAR 1915

sein an. „Hoffentlich können wir bald wieder vor", schreibt er auf der Postkarte vom 23. Januar 1915. Nur wenige Tage darauf ist er wieder ganz vorn, als sein Regiment und andere Verbände seiner Division die Höhe 191 nördlich von Massiges zurückerobern. Mineure haben unterirdische Stollen in Richtung der französischen Stellungen getrieben, sie mit Sprengstoff verfüllt und in die Luft gejagt. Die zwei gewaltigen Detonationen, die am 3. Februar 1915 den Auftakt zum Sturmangriff bilden, haben eine derartig vernichtende Wirkung, dass der Einbruch in die Stellungen des Gegners gelingt. Nach kurzem Kampf ist die mit Leichen übersäte Höhe wieder in deutscher Hand. Anstelle des Gefechtslärms ist nur noch das Schreien der Verwundeten und Sterbenden zu hören.

Fünf Tage später ist Fritz mit dabei, als Kronprinz Wilhelm, der Oberbefehlshaber der 5. Armee, der Truppe einen Besuch abstattet, um die siegreichen Stürmer von Massiges zu begrüßen. Es ist ein Ereignis, bei dem er nicht fehlen will. Der Kampf,

Oberbefehlshaber. Fritz, der beim Sturmangriff auf die Höhe 191 im Januar 1915 dabei gewesen ist, schickt diese Postkarte an die Eltern nach Zwiesel

Höhe 191. Das Foto zeigt die beiden gewaltigen Krater, die die Sprengung unterirdischer Stollen hinterlassen hat

Höhe 191. Die Toten werden oft nur mit Erde bedeckt und die Stelle durch ein Holzkreuz markiert

Leichentransport. Zu Beginn des Weltkriegs werden tote Soldaten mitunter noch in einfachen Holzsärgen bestattet

Gottesacker. Gefallene Deutsche werden auch auf französischen Gemeindefriedhöfen, wie hier in Cernay-en-Dormois, begraben

Monotonie. Abertausende deutsche Soldaten haben die Ausbildung auf dem Truppenübungsplatz in der Westeifel durchlaufen

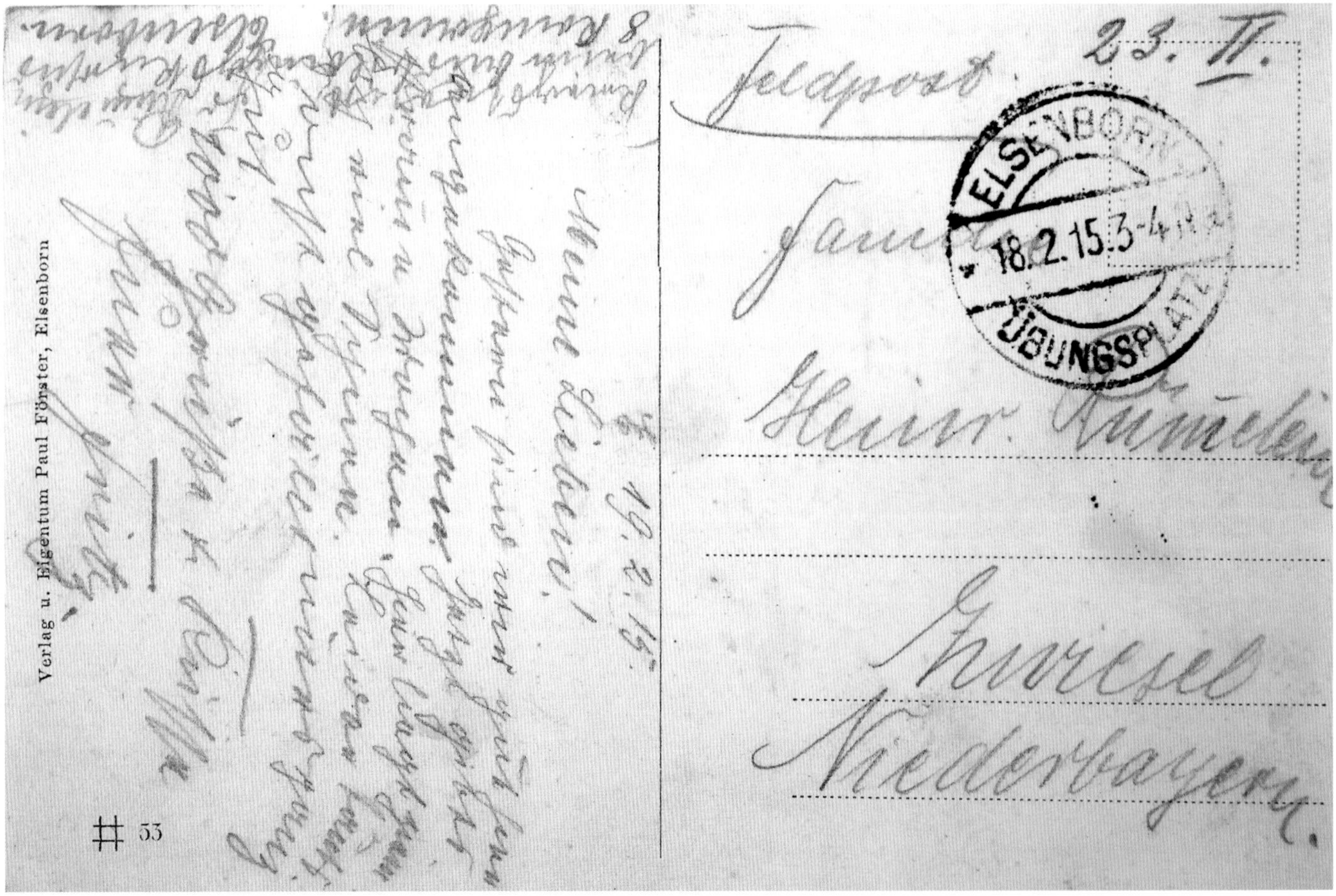

Tausend Grüße. Fritz schreibt den Lieben zu Hause, dass er gut in Elsenborn angekommen ist und dem Ausbildungskursus 8 angehört

Ausbildungskursus 8. Fritz (2. Reihe, 2. v. l.) schließt den Reserveoffiziers-Lehrgang mit gutem Erfolg ab

der die Front wieder um ein kleines Stück nach vorne verschoben hat, ist vorerst der letzte Einsatz von Fritz, denn der soeben mit dem Eisernen Kreuz Zweiter Klasse Ausgezeichnete wird als ehemaliger Gymnasiast für Mitte Februar 1915 zum Reserveoffiziers-Lehrgang nach Elsenborn kommandiert.

Bevor sich Fritz beim Ausbildungskursus 8 auf dem Truppenübungsplatz in der Westeifel meldet, verbringt er noch einige Tage in Hanau und in Zwiesel. Er trifft dort neben Eltern und den Geschwistern auch Arbeitskollegen und einige Freunde, die noch nicht den feldgrauen Rock des Kaisers tragen. Wie die vom Krieg reden, eben so, wie man es sich in der Heimat vorstellt und wie es sich auch er vorgestellt hat, bevor er ins Feld zog, will so gar nicht zu seiner Befindlichkeit passen. Doch was soll's. Der Urlaub ist ohnehin allzu schnell vorüber.

An Stelle des Müßiggangs tritt sehr bald der harte Drill der preußischen Reserveoffiziers-Ausbildung. Die jungen Männer, soeben noch selbst Geführte, sollen im Schnelldurchgang dazu befähigt werden, nun ihrerseits junge Männer in den Kampf zu führen. Fritz, der von guter körperlicher Konstitution ist und einen starken Willen hat, absolviert den Lehrgang mit gutem Erfolg. Daheim in Zwiesel sind sie alle stolz auf den Offiziersaspiranten.

„Da kommt kein Franzmann durch"

MÄRZ 1915 – JUNI 1916

Grabenkrieg. Scharfschützen und unerwartet einschlagende Artilleriegranaten kosten immer wieder Leben. Der junge Leutnant der Reserve Fritz Rümmelein fotografiert den Alltag in den Gräben

KAPITEL II

Der Leutnant der Reserve kämpft in der östlichen Champagne

Schon am 22. März 1915 wird Fritz, der von Elsenborn an die Front zurückgekehrt ist, zum Leutnant der Reserve befördert. Er dient jetzt als Zugführer im 3. Bataillon des 87. Reserve-Infanterie-Regiments der 21. Reserve-Division. Einsatzort ist nach wie vor der Oberlauf der Aisne, dort, wo sich der 20 Kilometer breite Höhenzug von Massiges erstreckt. Es sind aufreibende Zeiten, die Fritze, wie ihn die Kameraden inzwischen nennen, dort miterlebt. Denn die Franzosen versuchen im Frühjahr 1915, die deutsche Abwehrfront durch Artilleriebeschuss zu zermürben. Täglich sind es im Durchschnitt 650 bis 700 Granaten, die im Bereich des Regiments einschlagen und immer wieder Leben jäh beenden. Zum nervtötenden Pfeifen der heranfliegenden Geschosse, zu den krachenden Einschlägen und dem tückischen Werk der Scharfschützen kommt noch das feuchte Wetter, das den Männern zu schaffen macht.

Am 15. Mai greift französische Infanterie dann die Stellungen der erschöpften Soldaten des 87. Reserve-Infanterie-Regiments beim Ort Ville-sur-Tourbe an. Dem Feind gelingt der Einbruch in die deutschen Gräben. Es kommt zu einem furchtbaren Gemetzel, bei dem fast das ganze Regiment aufgerieben wird. Fritz überlebt mit aller Not. „Mit Grauen" wird er später an diesen Tag zurückdenken, an dem viele seiner besten Kameraden gefallen sind.

Das Gefecht von Ville-sur-Tourbe hat zur Folge, dass das neu aufgestellte 3. Bataillon mit Hauptmann Karl von Wenckstern einen neuen Kommandeur erhält. Der knorrige Westfale ist ein erfahrener Haudegen, der weiß, worauf es ankommt. Neben der infanteristischen Ausbildung seiner Männer lässt er daher den Stellungsbau vorantreiben. So entsteht ein komplexes System aus Gräben und Unterständen, die bis zu fünf Meter unter der Erde liegen. Alles ist durch zahlreiche kleinere Laufgräben miteinander verbunden. Fritz hält auch diesen Stellungsbau im Bild fest. Er soll die deutsche Verteidigungsfront bei der nächsten feindlichen Offensive, die so sicher kommt wie der nächste Winter, unüberwindbar machen.

Posten. Gut ausgebaute Stellungen verbessern die Überlebenschancen der Infanteristen

Stellungsbau. Der steinige Boden macht das Ausheben der Gräben schwer

Gasmasken. Die ersten Modelle, die „Dräger Selbstretter", sind sehr unförmig

Glück. Die französische Artilleriegranate ist vor der Stellung eingeschlagen

Sondierung. Wann werden die Franzosen zum Sturmangriff antreten?

MÄRZ 1915 – JUNI 1916

Im September 1915 bricht sie im Zuge der großen französisch-britischen Herbstoffensive zwischen Flandern und der Champagne mit einer nie da gewesenen Artilleriekanonade los. Allein am Frontabschnitt der 21. Reserve-Division werden drei Millionen Granaten abgefeuert. Doch die deutschen Stellungen liegen am rückwärtigen Abhang des Höhenzuges von Massiges, sodass die Artillerie ihre Wirkung weitgehend verfehlt. So gelingt es den Angreifern zwar an vielen Stellen, den höchsten Punkt zu erreichen, nicht aber, den gesamten Höhenzug einzunehmen.

Fritz ist bei diesen Kämpfen mit dabei. Als sie vorüber sind, schickt er eine Fotografie von sich selbst nach Zwiesel, so als wolle er den Nachweis führen, dass er noch am Leben ist. Auf ihrer Rückseite schreibt ein vom Zurückliegenden sichtlich Gezeichneter: „Seinen lieben guten Eltern nach schweren, gut überlebten Kampfestagen in treuer Liebe gewidmet von Ihrem treuen Fritze, Brécy 4. 10. 15."

Trauer. Fritz ist angesichts der vielen gefallenen Kameraden nachdenklich und froh zugleich, denn er hat überlebt

Feuerbereitschaft. Ein französisches Flugzeug ist im Anflug. Mit dem MG 08 sollen sie es vom Himmel holen

Stellungskrieg

Der Erste Weltkrieg bedeutete einen Einschnitt in der Geschichte der Kriegsführung. Seit Jahrhunderten gingen die Heere in fließenden Bewegungen gegeneinander vor und legten zwischen den Schlachten lange Märsche zurück. Im Weltkrieg änderte sich dies fundamental. Nach dem Scheitern der groß angelegten Operationspläne in der Champagne und in Flandern und damit nach dem Ende des rasanten Vormarsches gruben sich Hunderttausende deutsche Soldaten in erst provisorischen, dann aufwendig gebauten Schützengräben ein. Oft lagen fünf Gräben hintereinander. Diese Linien waren wiederum durch Heranführungs- oder Laufgräben miteinander verbunden, die in einem rechten Winkel zu den eigentlichen Schützengräben verliefen.

Bald zog sich von der belgischen Nordseeküste bis zur Schweizer Grenze ein ausgeklügeltes Stellungssystem von insgesamt über 30 000 Kilometern Länge. Die Gräben selber waren bis zu fünf Meter tief, die Soldaten mussten über eine Leiter auf ein Brett steigen, von dem aus sie dann, geschützt mitunter durch einen Panzerschild, den Feind beobachten und bekämpfen konnten. Im Graben selber befanden sich Unterstände, die teils aus aufeinandergeschichteten Sandsäcken, teils aus Holz oder Beton gebaut wurden.

Ausschlaggebend für diese Entwicklung hin zum Stellungsbau waren die Fortschritte in der Rüstungstechnologie. Zum einen hatten sich Schussweite und Schussgenauigkeit der Feuerwaffen gegenüber den früheren Standards erheblich gesteigert. Dies galt für das Gewehr ebenso wie für das Maschinengewehr (MG), das im Ersten Weltkrieg die Standardwaffe schlechthin wurde. Wenige Soldaten konnten aus einem MG-Nest ganze Kompanien aufhalten und sogar aufreiben. Darüber hinaus hatte die Bedeutung der Artillerie in solchem Maße zugenommen, dass der Stellungsbau für die Infanteristen zwingend erforderlich wurde.

Der Grabenkrieg, der immer wieder von wechselseitigen Sturmangriffen überlagert war, bestimmte spätestens seit 1915 die Kampfführung an der Westfront. Die Soldaten waren, nur durch kurze Regenerationspausen unterbrochen dauernd der Einwirkung von schweren Geschützen, Granaten und später auch Giftgas ausgesetzt. Die Stellungen boten dabei nur einen partiellen Schutz, so dass Verluste zum Alltag im Graben gehörten.

Nie gekannte Größenordnungen erreichten diese, wenn die Infanteristen durch das mit Stolperdraht und sonstigen Hindernissen verbaute Niemandsland zwischen den Linien nach vorne stürmten. Das Gewehr spielte dabei eine immer geringere Rolle. War es doch nur schwer möglich, den Gegner zu treffen. Gelang es, in die oft nur wenige Meter von den eigenen Stellungen entfernten gegnerischen Gräben einzubrechen, wurde ein mörderischer Nahkampf Mann gegen Mann mit Handgranate, Pistole, Bajonett, Klappspaten und Grabenkeule geführt.

Grund für die Entwicklung hin zum Stellungskrieg war allerdings nicht nur der Fortschritt in der Bewaffnung, sondern auch die Hilflosigkeit, mit der die Heeresführung der rüstungstechnischen Entwicklung gegenüberstand. Die meisten Generale hatten ihre militärische Ausbildung im 19. Jahrhundert erhalten. Die damalige Schlachtenführung, etwa in den drei deutschen Einigungskriegen, lebte vom relativ autonomen Operieren von Brigaden, Regimentern und Bataillonen auf einem überschaubaren Feld, eben dem „Schlachtfeld".

Die Artillerieparks lieferten sich damals meist vor der eigentlichen Schlacht ein Vorgefecht, aus dem die Infanterie, so weit es ging, herausgehalten wurde. Man ließ die einzelnen Truppengattungen möglichst jeweils für sich kämpfen. Im Ersten Weltkrieg war dies anders. Jetzt wirkten Infanterie und Artillerie – wie das Räderwerk einer Maschine – zusammen.

Erst mit dem Aufkommen der Tankwaffe in den Jahren 1916/17 wandelte sich der Stellungskrieg durch die Einführung einer flexibleren Kampfführung auf deutscher Seite allmählich zu einem Bewegungskrieg, wie er dann im Zweiten Weltkrieg geführt wurde. Bei der deutschen Frühjahrsoffensive des Jahres 1918 (Große Schlacht um Frankreich) zeichnete sich das bereits deutlich ab.

Gleichwohl ist die Erfahrung des Stellungskriegs an der Westfront zum Charakteristikum des Ersten Weltkriegs geworden. Grausam war der Krieg immer und überall, aber die schaurige Verdichtung, die das Kampfgeschehen mit seiner Brutalität im engen Mikrokosmos von „Schützengraben" und „Niemandsland" erfuhr, zeichnete eine ganze Generation.

Schweres Geschütz. Die Präzision und Feuerkraft der Artillerie machten den Stellungsbau erforderlich

Relativer Schutz. Die tief in das Erdreich gegrabenen Unterstände erhielten mitunter aufwändige Belüftungen

MÄRZ 1915 – JUNI 1916

Mehr als 17 000 französische Soldaten, darunter viele aus den Kolonien wie dem Senegal, haben diese Kampfestage nicht überlebt. Auch auf deutscher Seite geht die Zahl der Gefallenen in die Tausende, unter ihnen einige gute Kameraden von Fritz. Besonders erschüttert ist er vom Tod seines Freundes, des Jägerleutnants Hermann Pauli, der zusammen mit ihm auf seinen Aufnahmen – mitunter in ausgelassener Pose – zu sehen ist. Schließlich findet sich eine Fotografie mit dessen Soldatengrab: ein schlichtes Holzkreuz mit der Aufschrift: „Hier ruht Leutnant Pauli. † 3. 10. 15".

Freundschaft. Fritz hat mit dem Jägerleutnant Hermann Pauli (r.), dessen Einheit auch in Brécy-Brières liegt, so manches erlebt

Soldatengrab. Pauli ist bei der französischen Herbstoffensive in der Champagne gefallen und an Ort und Stelle begraben worden

Im selben Monat erhält Fritz Rümmelein das Kommando über die 9. Kompanie des 87. Reserve-Infanterie-Regiments. Zum einen hat er sich bei den Kämpfen der zurückliegenden Wochen bewährt; zum anderen sind viele Kompanieführer verwundet oder gefallen. Etwa 200 Mann sind ihm jetzt anvertraut. Der frischgebackene Kompaniechef hat Glück, denn an seinem Frontabschnitt ist es im ausgehenden Jahr 1915 – abgesehen von gelegentlichem Artilleriefeuer der Franzosen – eher ruhig.

Den Jahreswechsel 1915/16 verbringt Fritz mit seiner Kompanie im Truppenlager „Saalburg" bei Autry. Es ist ein weitflächiges Camp inmitten eines Waldes, wo die Männer sich regenerieren und die Einheiten aufgefrischt werden sollen. Das feuchte Wetter, das schon im Dezember die Stellungen in Morastlöcher verwandelt hat, macht den Soldaten auch in der „Saalburg" zu schaffen.

„Saalburg". Das Tor zum Lager bei Autry ist dem gleichnamigen Römerkastell bei Bad Homburg in Hessen nachempfunden

Kriegsweihnacht 1915. Fritz (l. vorne) feiert mit den Kameraden im Offiziershaus in Brécy

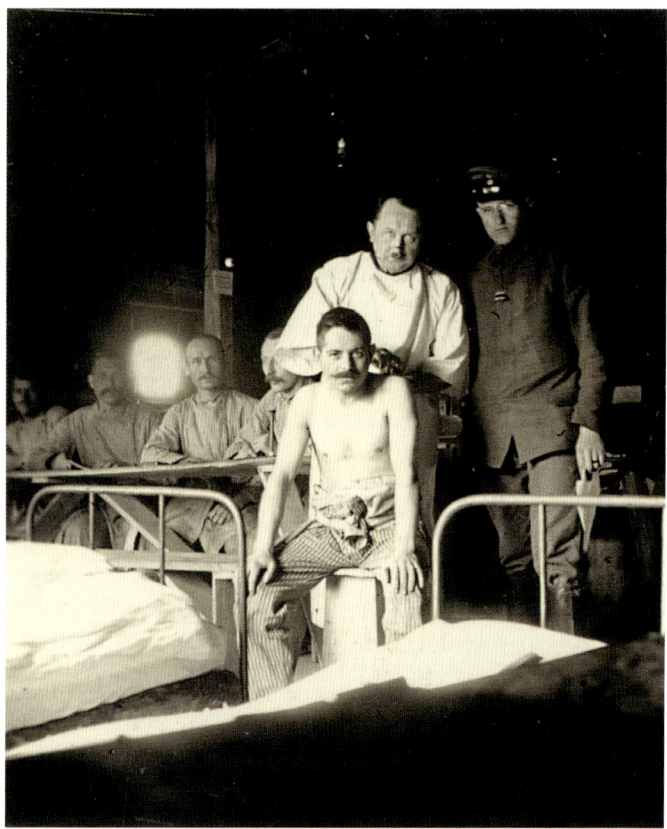

Lazarett. Der Stabsarzt untersucht einen verwundeten Soldaten des 87. Reserve-Infanterie-Regiments

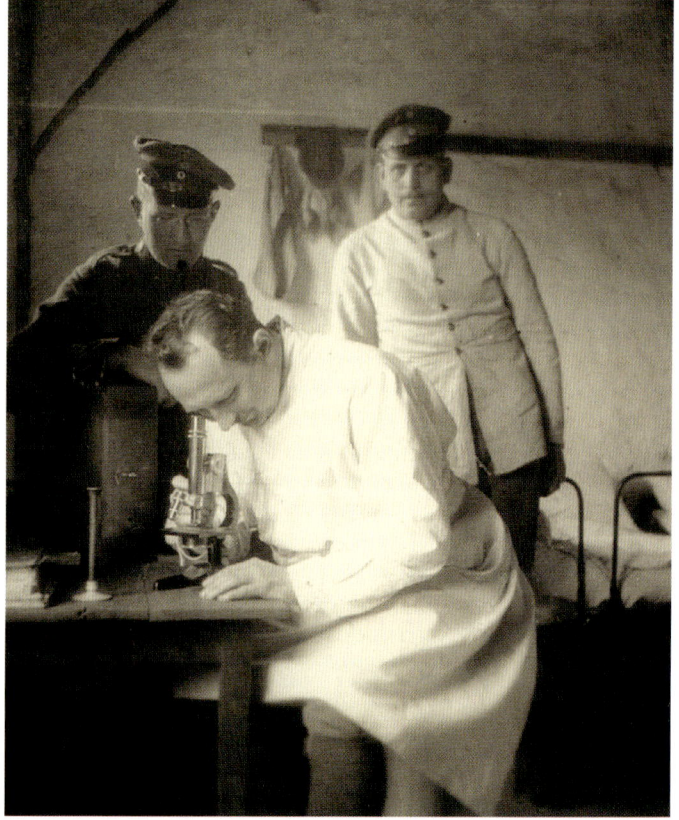

Bakterien. Neben den Kriegsverletzungen haben die Militärärzte auch mit Infektionskrankheiten zu kämpfen

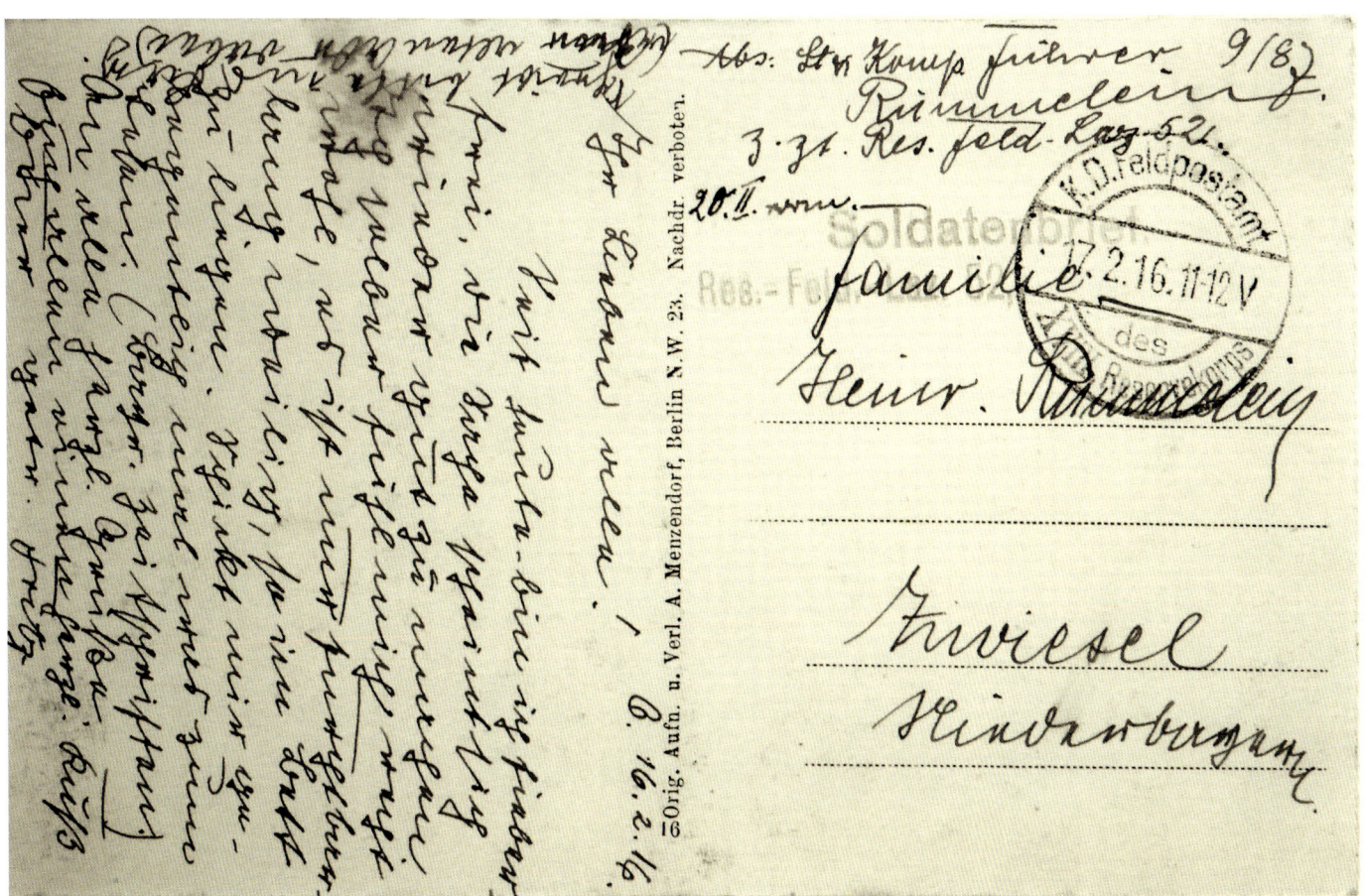

Soldatenbrief. Fritz schreibt seinen Eltern, dass er auf dem Wege der Besserung sei, und beklagt die Langeweile im Lazarett

Im Januar stürzen die Temperaturen ab, und das Land an der oberen Aisne verwandelt sich in eine Eislandschaft. Der Krankenstand ist entsprechend hoch. Auch Fritz, der mit einigen Kameraden bei einem Truppenbesuch des Großherzogs von Hessen mit der Tapferkeitsmedaille des Landes ausgezeichnet worden ist, wird bald vom Fieber gebeutelt. Die Diagnose, die die Militärärzte des Reserve-Feldlazaretts 52 stellen, lautet: Lungenentzündung.

Trotz widriger Umstände ist Fritz bald auf dem Wege der Besserung. Seiner Mutter, die ihm Eier, Himbeersaft und Zeitungen aus der Heimat schickt, schreibt er am 16. Februar 1916 nach Zwiesel, dass er seit heute zum ersten Mal fieberfrei sei. Doch ehe er wieder ganz hergestellt ist, vergehen noch einige Wochen. Zu seiner Kompanie kehrt Fritz allerdings nicht zurück, denn der Bataillonskommandeur von Wenckstern will den „Kleinen", wie er Fritz nennt, als seinen Adjutanten.

Bevor er seinen neuen Dienstposten antritt, verbringt der Leutnant noch zwei Wochen bei den Freunden in Hanau. Er macht auch einen Abstecher nach Zwiesel. Auch in der Heimat ist der Krieg inzwischen allgegenwärtig: In den Zeitungen sind

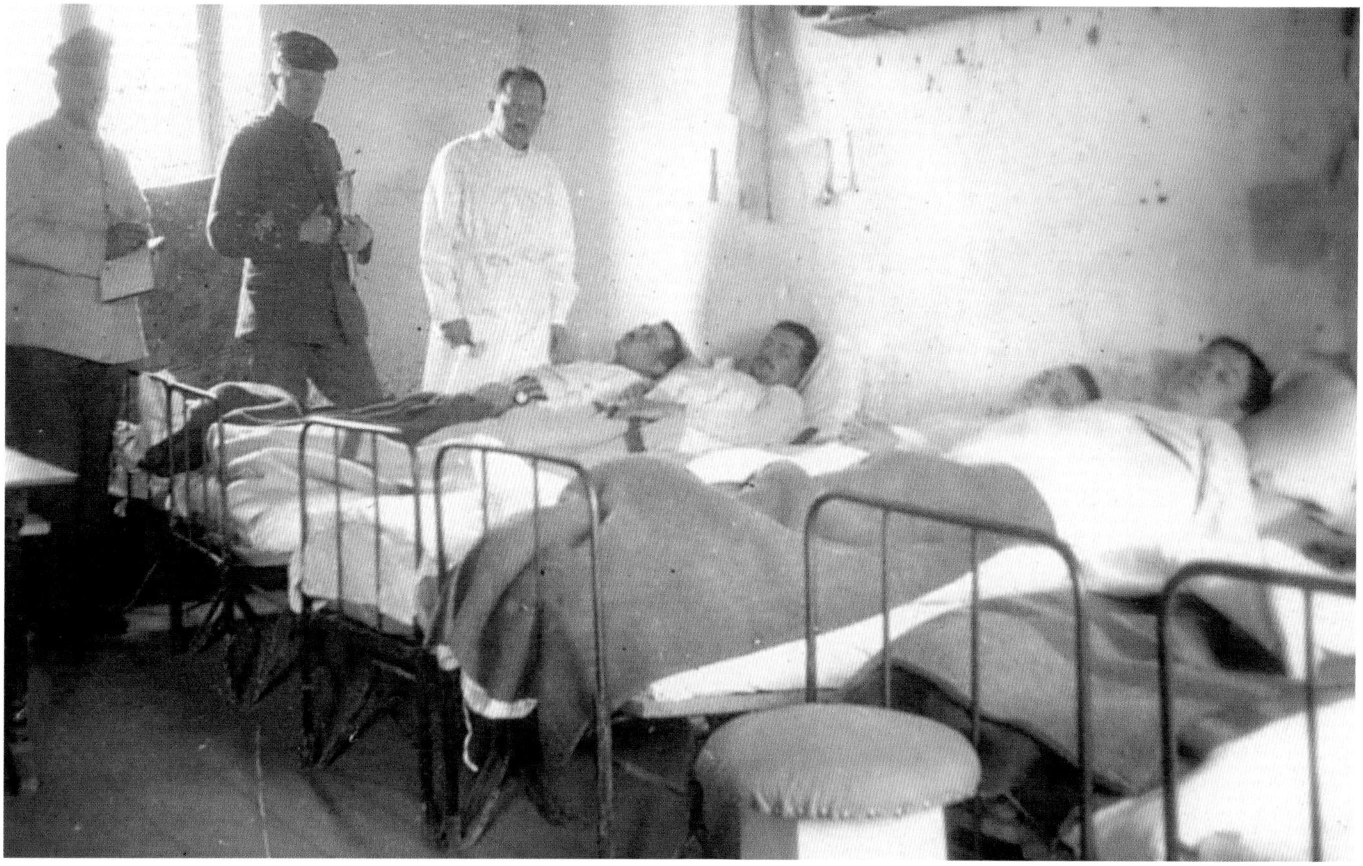

Visite. Verglichen mit dem Leben im Feld ist das Dasein im Lazarett fast paradiesisch – vorausgesetzt, die Verwundung ist nicht zu schwer

Gräber. Auf dem in Brécy angelegten Soldatenfriedhof liegen auch die im Feldlazarett verstorbenen Kameraden

Infanterie und Artillerie

Die Hauptlast des Kampfes lag im Ersten Weltkrieg bei Infanterie und Artillerie. Die Kavallerie, die ins späte 19. Jahrhundert hinein eine tragende taktische Rolle spielte, verlor 1914 schlagartig ihre Bedeutung. Gegen die neue, optimierte Wirkung der Feuerwaffen waren schneidige Kavallerieeinsätze der alten Art ein hoffnungsloses Unterfangen. Die berittenen Einheiten wurden deshalb mit Schusswaffen ausgestattet und überwiegend mit Feindaufklärung beauftragt.

Die Hauptwaffe des Infanteristen im Ersten Weltkrieg war das von der Firma Mauser hergestellte Gewehr 98, das nach seinem Produktionsjahr 1898 bezeichnet war. Es wurde nach dem Krieg zum Karabiner weiterentwickelt und diente in dieser Form auch den deutschen Soldaten im Zweiten Weltkrieg als „98k". Zu beiden Gewehren gehörte das als „Seitengewehr" bezeichnete Bajonett, das im Nahkampf als Stichwaffe genutzt wurde.

Zwischen Infanterie- und Artilleriebewaffnung etablierte sich eine weitere Waffe: das Maschinengewehr. Es hatte einen Vorläufer in der 1870/71 durch die Franzosen eingesetzten Mitrailleuse und wurde im Russisch-Japanischen Krieg 1905–06 verstärkt eingesetzt. Im Jahr 1914 verfügte das deutsche Heer über knapp 5000 Maschinengewehre vom Typ MG 08, die von speziellen MG-Kompanien mitgeführt wurden. Bei einer Länge von 1,20 Metern und einem Kaliber von 8 x 57 Millimetern konnte das MG 08 bis zu 600 Schuss pro Minute abgeben. Aufgrund des hohen Gewichts von 24 Kilogramm sowie der aufwendigen Wasserkühlung musste es auf einer eigenen Lafette geschleppt werden. Von 1917 an erhielt die kämpfende Truppe das optimierte „MG 08/15". Insgesamt wurden zwischen 1908 und 1918 über 70 000 Maschinengewehre für das deutsche Heer produziert.

Daneben waren Handgranaten eines der wichtigsten Kampfmittel des einfachen Soldaten. Bereits seit der Frühen Neuzeit gehörten sie zur Ausrüstung europäischer Heere. Im Ersten Weltkrieg wurden sie massenweise eingesetzt. Für den Grabenkampf eignete sich insbesondere die sogenannte Stielhandgranate, die aus einem Stiel, der das Werfen erleichterte, und dem an dessen Ende aufgesetzten Sprengkopf bestand. Ihr Splitterradius betrug 10 bis 15 Meter, die Sprengladung selbst wog etwa 300 Gramm. Einen wesentlich höheren Splitterradius hatte die handliche „Eierhandgranate".

Vor allem aber war der Erste Weltkrieg die große Stunde der Artillerie. Das deutsche Heer operierte mit zwei zumeist von Rheinmetall und Krupp entwickelten Feldgeschützen: der Feldkanone 96 – Kaliber 7,7 Zentimeter – und der Feldhaubitze 98/09 mit einem Kaliber von 10,5 Zentimetern. Sie dienten der Vorbereitung (Trommelfeuer) und Unterstützung (Sperrfeuer) von Infanterieoffensiven, sollten feindliche Bunker und Grabensysteme zerstören und so überwindbar machen.

Daneben bestand die schwere Artillerie mit Kalibern von bis zu 42 Zentimetern („Dicke Bertha") und einer Reichweite von bis zu 100 Kilometern. Mit ihr wurden Städte und Festungen beschossen. Als Munition dienten Brisanzgranaten. Sie trugen unter einem Stahlmantel eine Sprengladung in sich, die beim Aufschlag zur Zündung kam. Den Reichweitenrekord hielt das „Paris-Geschütz", das seine Granaten 130 Kilometer weit schoss.

Seit Mitte des 19. Jahrhunderts waren alle Geschütze Hinterlader, die Rauchentwicklung war durch die Ablösung von Schwarzpulver durch das 1867 entdeckte Dynamit erheblich eingedämmt worden. Auch deshalb ging man bereits im ersten Jahrzehnt des 20. Jahrhunderts dazu über, die Heere mit Felduniformen in gedeckten, tarnenden Farbtönen auszustatten. Die bunten Uniformen in leuchtenden Signalfarben, die das Bild der „guten alten Zeit" bis 1900 geprägt hatten, hatten ausgedient. Sie hatten die Funktion, es den Truppenführern im Geschützqualm des Schlachtfelds zu ermöglichen, die eigenen und gegnerischen Soldaten voneinander zu unterscheiden.

Der Weltkrieg war dann eine Zeit des Übergangs. Als die Truppen 1914 ins Feld zogen, trugen sie noch die messingbeschlagenen Pickelhauben aus dem 19. Jahrhundert. Bis zur Einführung des Stahlhelms von Ende 1915 an waren dafür feldgraue Überzüge ausgegeben worden. Es ging jetzt um Tarnung und Deckung. In Deutschland war dies das berühmte Feldgrau, das die Soldaten von Kaiserlichem Heer, Reichswehr und Wehrmacht trugen und das heute in der Ausgehuniform des Heeres der Bundeswehr fortlebt.

Mittlerer Minenwerfer. Das Kaliber dieser todbringenden Waffe betrug 17 Zentimeter, ihre Reichweite mehr als einen Kilometer

Postkarte. Die Artilleristen hatten einen ausgeprägten Korpsgeist, waren sie doch oft schlachtentscheidend

Tagebuchseiten. Mit knappen Eintragungen in Oktavheftchen hält Fritz seine Kriegserlebnisse fest

Familienfoto. Der „Leutnant" ist Anlass genug, sich gemeinsam ablichten zu lassen. Bruder August, Vater Heinrich, Fritz, Schwester Wilhelmine, Mutter Karolina (Lina) sowie die Brüder Heinrich (Heinz) und Eugen (v. l. n. r.)

öfters die Todesanzeigen derer zu lesen, die für Kaiser und Vaterland gefallen sind. Die Grundnahrungsmittel sind rationiert und werden auf Bezugskarten ausgegeben. Kupferne Kessel und andere Gerätschaften aus dem Material werden beschlagnahmt, braucht man sie doch zur Herstellung von Geschossen. Und auch sonst ist das nationale Hochgefühl einer eher beklemmenden Stimmung gewichen.

Fritz genießt seine Heimaturlaubszeit, die am 28. April 1916 endet. An diesem Tag besteigt er in Hanau den Zug, um wieder zu seinem Truppenteil zurückzukehren. In einem Oktavheftchen, das fortan sein sporadisch geführtes Tagebuch werden soll, hält er fest, wie er mit vielen anderen nach einem Aufenthalt in Frankfurt den Rhein hinabgefahren sei, bis Bingerbrück. „Unwillkürlich", so Fritz weiter, „denkt man an das schöne deutsche Lied ‚Fest steht und treu die Wacht am Rhein …' Nein, den dürfen sie freilich nicht haben", fügt er noch hinzu und meint damit den Feind.

MÄRZ 1915 – JUNI 1916

Nachdem der Zug Lothringen passiert hat, überquert er die einstige französische Grenze. Vorbei an zerschossenen Dörfern geht es schließlich über Montmédy und Sedan, wo die Deutschen 1870 so triumphal gesiegt haben, nach Charleville. Auf einem Artilleriefuhrwerk, die letzten Kilometer zu Fuß, erreicht er schließlich den kleinen Ort Brécy und dann endlich Olizy, wo er im Offizierskasino Quartier nimmt. Dort trifft er mit den Leutnants Otto Lahmann und Dr. Fritz Wolff alte Freunde. Das Wiedersehen wird gebührend gefeiert. Am 29. April begrüßt ihn Hauptmann von Wenckstern „sehr nett" und teilt ihm formal mit, dass er Adjutant geworden sei. „Schöne Sache. Ich freu mich über die Ernennung."

Landschaft. Die Straße nach Brécy-Brières, über die Fritz per pedes unterwegs ist, als er aus dem Urlaub zu seiner Einheit zurückkehrt

Krieg im Osten und Südosten Europas

Paul von Hindenburg (l.). Zusammen mit Erich Ludendorff der „Sieger von Tannenberg"

Winston Churchill. Der Erste Lord der Admiralität musste nach dem Desaster bei Gallipoli seinen Hut nehmen

Nicht nur im Zweiten Weltkrieg spielte Russland im strategischen Kalkül der deutschen Führung die zentrale Rolle. Bereits im Ersten Weltkrieg war dies so, fürchtete man doch, eines Tages von dem Koloss im Osten mit seinen gigantischen Landmassen und mit seinen Rohstoffen überrollt zu werden. Schon der Schlieffen-Plan war deshalb darauf ausgelegt, Frankreich so schnell wie möglich zu schlagen und dann alle verfügbaren Kräfte nach dem Osten zu werfen.

Im Krieg kam alles anders. Im Westen erstarrte der Kampf zum Stellungskrieg, und im Osten fielen zwei russische Armeen mit 191 000 Soldaten unerwartet rasch in Ostpreußen ein. Sie wurden von der 8. Armee mit 153 000 Mann unter dem Kommando von Paul von Hindenburg zwischen dem 26. und 30. August südlich von Allenstein in Ostpreußen vernichtend geschlagen. Erst später wurde der deutsche Sieg zur „Schlacht von Tannenberg", weil an dem nahe gelegenen Ort im Jahre 1410 die Ritter des Deutschen Ordens von der Polnisch-Litauischen Union geschlagen worden waren. Mit dem Sieg über die Armeen des Zaren sollte die alte Schmach für immer getilgt werden.

Hindenburg wurde nach der Schlacht zum Feldmarschall ernannt – mehr noch: Er wurde zum Nationalhelden und bald zum populärsten Deutschen noch vor dem Kaiser. Der eigentliche strategische Kopf war allerdings sein Stabschef General Erich Ludendorff. Er hatte sich schon durch die Eroberung der belgischen Festung Lüttich Meriten erworben. Nach dem Debakel vor Verdun und der Ablösung Erich von Falkenhayns trat Ludendorff zusammen mit Hindenburg an die Spitze der Obersten Heeresleitung (OHL).

Die veraltete k.u.k.-Armee konnte dagegen nicht einmal dem kleinen Serbien standhalten, geschweige denn Russland. Die Zarenarmee fiel in Lemberg ein und nahm die Festung Przemyśl. Erst deutsche Truppen unter dem Kavalleriegeneral August von Mackensen brachten die Wende. In der Schlacht von Gorlice-Tarnów schlug er die Russen, eroberte Lemberg und Przemyśl zurück und nahm das weißrussische Brest-Litowsk ein. Der Kaiser ernannte von Mackensen zum Feldmarschall.

Unter seiner Führung eroberten die Deutschen im Herbst 1915 Serbien und Makedonien. Die serbische Armee zog sich daraufhin auf die ionische Insel Korfu zurück. Nur die griechische Neutralität verhinderte ein Nachstoßen von Mackensen und bewahrte die serbischen Truppen vor der Vernichtung.

Mitte 1916 – Österreich war an der Alpenfront, die Deutschen vor Verdun gebunden – wagten die Russen unter General Alexei A. Brussilow wieder eine große Offensive. Zu Anfang waren sie so erfolgreich, dass Rumänien seine Neutralität aufgab und auf russischer Seite in den Krieg eintrat. Das habsburgische Ungarn mit Siebenbürgen und der Bukowina war in ernster Gefahr. Wieder griff von Mackensen ein, wieder schlug er die demoralisierten russischen Streitkräfte, die sich weit nach Osten zurückzogen. Er besiegte auch die rumänische Armee und zog im Herbst in Bukarest ein. Polen sollte bald nach dem Willen des Kaisers ein „Regentschaftskönigreich" werden – ein polnischer Gesamtstaat unter deutscher Hegemonie.

An der südöstlichen Peripherie konzentrierten sich die Kämpfe auf die Dardanellen, auf die strategisch wichtige Meerenge zwischen Schwarzem Meer und Mittelmeer. Von hier aus wollten die Alliierten Konstantinopel erobern, nach Norden durchbrechen und den Mittelmächten in die südöstliche Flanke fallen.

Am 25. April 1915 landeten starke britische Verbände auf der Halbinsel Gallipoli an den Dardanellen. Die Hauptlast des Angriffs trug das australisch-neuseeländische Armeekorps (ANZAC). Wegen des zähen türkischen Widerstands gelang es ihm nicht, die Dardanellen zu erobern. Das Unternehmen, das maßgeblich auf den Ersten Lord der Admiralität Winston Churchill zurückging, wurde zum Desaster. Anfang 1916 verließen die letzten Commonwealth-Soldaten Gallipoli. Zurück blieben 100 000 Gefallene. Churchill musste zurücktreten.

Und bereits Ende 1915 landeten britische und französische Truppen unter Verletzung der griechischen Neutralität in Saloniki. In Griechenland kam es darüber zur „nationalen Spaltung", König Konstantin ging ins Exil, unter Ministerpräsident Venizelos trat das Land schließlich 1917 auf Entente-Seite in den Ersten Weltkrieg ein. Die französische Orientarmee bedrohte fortan die Südfront der Mittelmächte, also schickte Deutschland die 11. Armee an die mazedonische Grenze. Dort blieb sie bis 1918 – an der Westfront sollte sie bitter fehlen.

Olizy-Primat. In dem schmucken Schloss ist das Offizierskasino untergebracht, in dem Fritz manche Freundschaft schließt

Schlossgarten. Fritz (l.), die Leutnants Otto Lahmann und Dr. Fritz Wolff (beide stehend) und ein weiterer Offizier vom Stab machen Pause

Cernay-en-Dormois. Hauptmann von Wenckstern (l.), Fritz und zwei weitere Offiziere haben sich vor der zerschossenen Kirche zum Foto aufgestellt

Savigny-sur-Aisne. Fritz, der schon seit seiner Jugend gut mit Pferden umgehen kann, reitet oft mit seinen Kameraden aus

Für Fritz beginnt nun ein erträglicheres Leben, denn als Adjutant des Bataillonskommandeurs ist er die meiste Zeit nicht mehr in der vordersten Linie. Und wenn das Bataillon im Ruheraum liegt, wie in den ersten Tagen des Mai 1916, haust er in einem richtigen Haus, in dem auch der Bataillonsstab untergebracht ist. Er hat ein eigenes Zimmer mit Bett und der dazugehörigen Wäsche. Sogar ein Pferd steht ihm jetzt zu. „Die Zeit vergeht rasch. Im Ort ist jetzt auch ein Kino. Arbeit ist mäßig. Jeden Tag mache ich einen schönen Ritt. Konzert ist täglich zu hören", schreibt er in sein Tagebuch. An anderer Stelle berichtet er von zwei französischen Aufklärungsballons, die

Probe. Die Flötenspieler des Musikzugs vom 1. Bataillon gehören zur Truppenbetreuung

Platzkonzert. Musikdarbietungen sind auch im Krieg fester Bestandteil der Truppenbetreuung und bei den Feldgrauen entsprechend beliebt

Krieg in Nahost, Afrika und Asien

Reichskriegsflagge (o.). Die Waffenbrüderschaft unter den Mittelmächten wurde immer wieder auf Postkarten thematisiert

Paul von Lettow-Vorbeck. Er trotzte den Briten bis zum Kriegsende in Deutsch-Ostafrika

Zu einer deutschen Großmacht, wie sie sich Kaiser Wilhelm II. vorstellte, gehörte der „Platz an der Sonne". Die alten europäischen Großmächte hatten ihn längst. Die britische Krone beherrschte ein Viertel der Erdoberfläche, darunter Indien, Kanada, Australien und Neuseeland sowie Teile Mittel- und Südafrikas. Frankreich verfügte über Kolonien in Südostasien (Indochina) und Afrika und zahlreiche, über den gesamten Globus verstreute Inseln, Belgien über den Kongo. Über nennenswerten Kolonialbesitz verfügten außerdem Spanien, Portugal, Italien und die Niederlande.

Erst am Ende des 19. Jahrhunderts erwarb das junge, aufstrebende Reich Kolonien. Zu den Schutzgebieten, wie diese genannt wurden, gehörten auf dem afrikanischen Kontinent Togo, Kamerun, Deutsch-Ostafrika (Tansania) und Deutsch-Südwestafrika (Namibia), im Pazifik der Inselstaat Samoa und die Inselgruppe Deutsch-Neuguinea sowie der Marinestützpunkt Kiautschou mit der Hauptstadt Tsingtau an der chinesischen Ostküste.

In den Jahren 1905 und 1911 versuchte Deutschland überdies, seinen Einfluss in Marokko auszudehnen, wo es auf den Widerstand Frankreichs stieß. Außerdem engagierte sich das Deutsche Reich verstärkt in der Türkei. Man errichtete dort eine Militärmission, die beim Auf- und Ausbau der Streitkräfte des Osmanischen Reiches half. Konstantinopel beförderte im Gegenzug den Bau der Bagdadbahn, die für Deutschland die Brücke in den Orient werden sollte.

Mit dem Kriegseintritt der Türkei kämpften im Kaukasus Türken gegen Russen. (Im Schatten dieses Krieges wurden in den Jahren 1915/16 mehr als 700 000 Armeniern ermordet.) In Palästina standen osmanische Truppen, unterstützt von einem deutschen Kontingent, den Briten gegenüber.

Und weiter im Süden organisierte ein gewisser Thomas Edward Lawrence, den sie später „Lawrence von Arabien" nannten, den Unabhängigkeitskampf der arabischen Stämme gegen die türkische Herrschaft. Die Beduinen führten einen Guerillakrieg, weil sie für offene Feldschlachten zu schwach waren. Man griff stattdessen Militärposten an, verübte Anschläge auf die Wasserversorgung am Jamur oder auf die Hedschasbahn, die die Bagdadbahn und Damaskus mit Medina verband.

Was die überseeischen Besitzungen des Reichs anging, war schnell klar, dass Deutschlands Kräfte nicht ausreichen würden, diese zu behaupten. Die Schutztruppe in Afrika war auch mit Unterstützung der Einheimischen nur wenige Tausend Mann stark. Ähnliches galt für die Marineeinheiten in Ostasien. Am 7. November 1914 musste sich der Kommandant von Kiautschou, Admiral Alfred Meyer-Waldeck, nach der Belagerung des Flottenstützpunkts durch Briten und Japaner ergeben. Die pazifischen Inseln, die vor allem als Marinebasen und Funkstationen wichtig waren, kapitulierten alle bis Anfang 1915.

In den deutschen Schutzgebieten in Afrika gestalteten sich die Kampfhandlungen unterschiedlich. Togo, an der Elfenbeinküste gelegen und von französischen Protektoraten umgeben, fiel gleich im August 1914. Im Juli des Folgejahres ergab sich die Schutztruppe von Deutsch-„Südwest" den Einheiten Englands und der Südafrikanischen Union. Im Februar 1916 musste auch die Besatzung von Kamerun vor den Briten die Waffen strecken. Einzig in Deutsch-Ostafrika leistete Oberst Paul von Lettow-Vorbeck mit Erfolg Widerstand gegen die Briten. Unterstützt durch Eingeborene, narrte er durch die Beweglichkeit seines Verbandes den Feind. Erst am 25. November 1918, zwei Wochen nach dem Waffenstillstand im Wald von Compiègne, endeten die Feindseligkeiten in Deutsch-Ostafrika.

Im Nahen Osten wendete sich das Kriegsglück im Jahr 1917 gegen die Mittelmächte. Im Juli überrannte ein Beduinenheer unter der Beteiligung von Lawrence von Arabien die türkische Hafenstadt Akaba von der Landseite her, im Dezember nahm General Edmund Allenby Jerusalem. Am 1. Oktober 1918 rückte schließlich ein Beduinenheer, angeführt von den arabischen Stammesfürsten, in Damaskus ein. Diese mussten jedoch rasch erkennen, dass sie von den Briten nur für den Kampf gegen das Osmanische Reich, das am 30. Oktober 1918 kapitulierte, benutzt worden waren. Denn der nördliche arabische Raum sollte, wie es bereits im geheimen Sykes-Picot-Abkommen im Jahr 1916 vorgesehen war, in britische und französische Interessenzonen aufgeteilt werden. Mit der Neuordnung im Nahen Osten nach dem Untergang des Osmanischen Reiches wurde für eine Vielzahl von Konflikten die Saat gelegt, von Konflikten, die teilweise bis heute andauern.

MÄRZ 1915 – JUNI 1916

durch einen aufgekommenen Sturm über die Frontlinie herübergetrieben worden und an der Aisne gelandet seien.

Am 9. Mai 1916 geht es wieder an die Front. „Ich freu mich wirklich darauf, wieder an den Feind zu kommen", schreibt Fritz. Schnell habe er sich wieder an den Kampf gewöhnt. Mit den Nerven stünde es gut. „Die kann man wirklich brauchen." Tag für Tag notiert er das Erlebte an der oberen Aisne: Am 16. Mai beginnt der Gegner, „mit vielen Minen und Artillerie auch aus der Flanke unseren rechten Flügel zu beasen (beschießen)". Am 17. „geht der Tanz von neuem los". Am 18. ist es nicht anders. Er hält fest: „In unserem Banne schaukelts nur so, wenn die dicken Dinger einschlagen." Am 19. habe „rasendes Schnellfeuer auf unsere Stellung" eingesetzt. Fritz mutmaßt „Na, jetzt kommen sie sicher" und berichtet weiter, dass das Sperrfeuer von deutscher Seite erwidert worden sei. „Da kommt kein Franzmann durch", merkt er noch selbstzufrieden an. Der Angriff, der kurz darauf erfolgt, wird dann auch abgewiesen, und Bataillonskommandeur von Wenckstern und sein Adjutant Rümmelein übergeben „strahlend" den Abschnitt an die Ablösung.

Es folgen wiederum Tage der Erholung hinten in Brécy, ehe es wieder nach vorne geht und alles von Neuem beginnt. So vergehen für Fritz der Mai und der Juni des zweiten Kriegsjahres. Doch am 27. Juni wird die menschenverzehrende Routine durch eine aufschreckende Nachricht unterbrochen. Die Division soll verlegt werden – nach Verdun. Jedermann im Bataillon weiß, was dieser Name bedeutet.

Artillerist. Fritz Rümmelein feuert eine Feldhaubitze ab

Artilleriefeuer. Die feindlichen Einschläge kommen bedenklich nahe

Statussymbol. Als Adjutant des Bataillonskommandeurs steht Fritz Rümmelein ein Pferd zu

„Alles ist hier in Grund und Boden geschossen"
JULI 1916 – DEZEMBER 1916

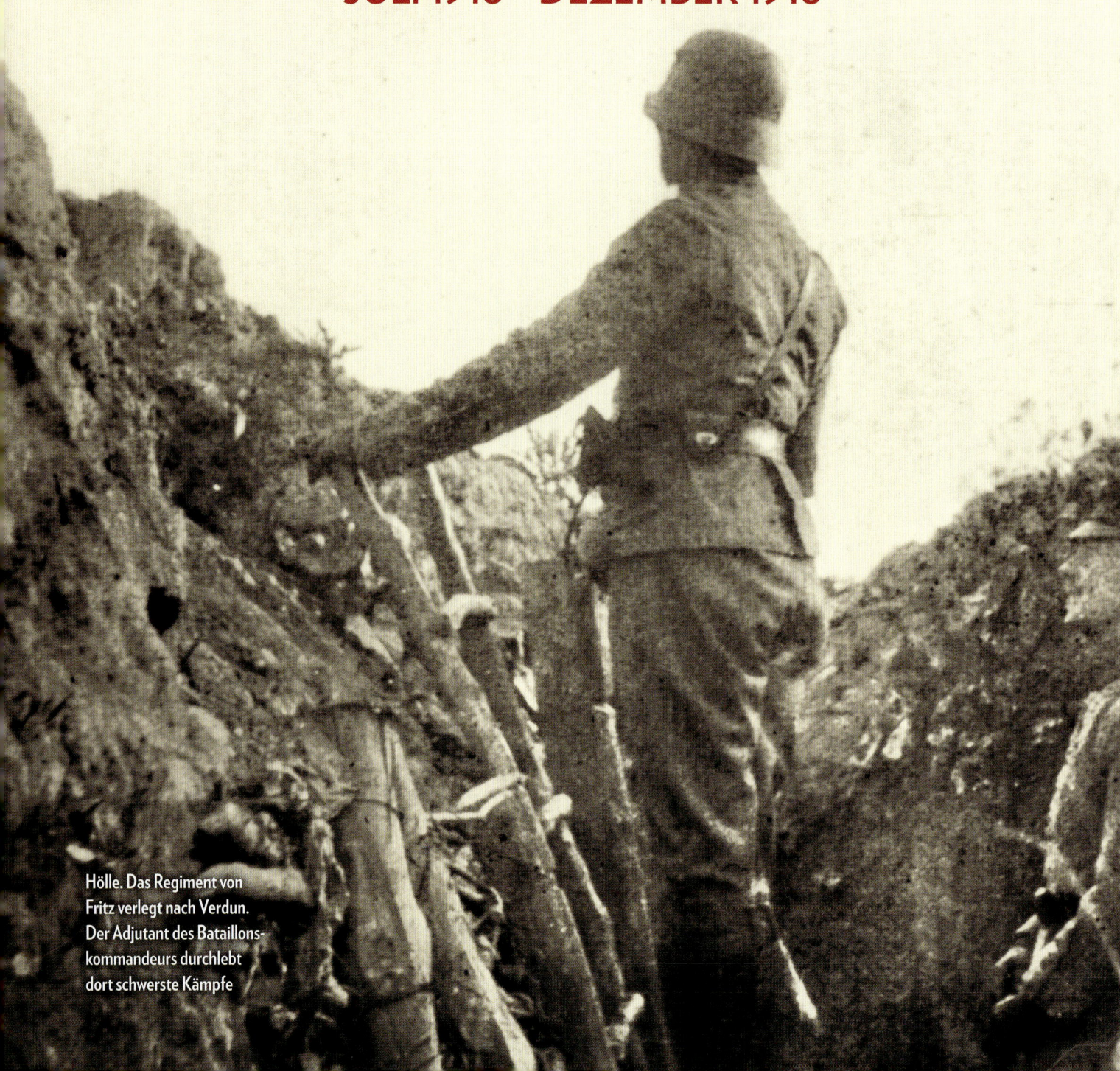

Hölle. Das Regiment von Fritz verlegt nach Verdun. Der Adjutant des Bataillonskommandeurs durchlebt dort schwerste Kämpfe

KAPITEL III

Der Bataillonsadjutant überlebt die Hölle von Verdun

Verdun ist 1916 das Zentrum des Krieges im Westen. Denn dort, keine 60 Kilometer in südöstlicher Richtung von Brécy entfernt, liegt jener französische Sperrriegel, an dem die Entscheidung des Krieges im Westen erzwungen werden soll. So hat es die zweite Oberste Heeresleitung unter Erich von Falkenhayn gewollt, als im Februar die deutsche Großoffensive begonnen hat. Einige der berüchtigten französischen Forts wie Douaumont und später auch Vaux sind zwar genommen worden, doch der Sperrriegel Verdun als Ganzes hat über die Monate hinweg gehalten. Die Verluste des erbittertsten Kampfes gehen in die Hunderttausende.

Auch im 87. Reserve-Infanterie-Regiment weiß man, weshalb dort schnell von der „Knochenmühle" gesprochen wird, wenn die Rede auf Verdun kommt. Bataillonsadjutant Rümmelein sieht die Dinge gefasster, als er erfährt, dass seine Einheit nach Verdun verlegt wird. Er schreibt in sein Tagebuch: „Im ersten Moment stutzt man, aber man ist (sich) bald mit sich selbst einig. Es muss sein. Was hunderttausend andere begonnen, müssen wir eben mit fortsetzen helfen. Allgemein ist man eines Teils froh, daß wir mal aus der Champagne wegkommen!"

Am 1. Juli 1916 ist es so weit. Das 3. Bataillon rückt nach fast eineinhalb Jahren in Marschkolonne aus Brécy ab. Über ihnen, am strahlend blauen Sommerhimmel, kreisen zwei französische Doppeldecker, die aber dann „zum Glück" Richtung Challerange abdrehen. Im nahen Dorf St. Morel wird das Bataillon samt Pferden und Ausrüstung auf die Bahn verladen. Auf Umwegen – über Sedan, Montmédy und Longuyon – geht es Richtung Verdun. Entgegen kommen ihnen immer wieder Lazarettzüge. Fritz notiert: „Wie sie aus der Schlacht kommen, so liegen sie auf Bahren in den Viehwagen, die braven Kerls. Es ist etwas deprimierend. Ernste Gesichter, noch an dem Erlebten zehrend."

Im Schutz der Dunkelheit wird das Bataillon bald darauf in Landres, ein paar Kilometer hinter der Verdun-Front, ausgeladen. Von dort „hört man kolossales Feuer, gar

Abmarsch. Anfang Juli 1916 wird das 3. Bataillon des 87. Reserve-Infanterie-Regiments nach Verdun verlegt

Rast. Die letzten 30 Kilometer zur Verdun-Front, von der das „kolossale Feuer" zu hören ist, geht es per Fußmarsch

Verbandsplatz. Das Sanitätswesen des Heeres ist hoffnungslos überfordert angesichts der vielen Verwundeten

Schlacht von Verdun

Aufklärungsfoto. Das völlig zusammengeschossenen Fort Douaumont existiert nur noch aus der Vogelperspektive als Ganzes

Philippe Pétain. Als „Held von Verdun" erwarb sich der General immerwährendes Ansehen

Kein Name ist mit dem Ersten Weltkrieg so eng verbunden wie der Verduns. Es wurde zum Inbegriff von Stellungskrieg, Materialschlacht und sinnlosem Massensterben. Von der „Blutpumpe" oder „Knochenmühle" sprachen die Zeitgenossen, wenn sie die Schlacht von Verdun meinten, bei der 317 000 Soldaten starben. Dazu kamen fast 400 000 Verwundete und Vermisste. Es war die bis dahin größte und blutigste Schlacht der modernen Geschichte.

Die zweite Oberste Heeresleitung (OHL) unter General von Falkenhayn plante nach den vergeblichen Versuchen in Flandern und Nordostfrankreich, die französische Front nunmehr von Lothringen aus anzugreifen und „aufzurollen". Haupthindernis war das Bollwerk Verdun mit seinen gepanzerten Festungen.

Falkenhayn, dessen Angriffsplan im Dezember 1915 unter dem Codenamen „Chi 45"/Operation „Gericht" von Kaiser Wilhelm II. genehmigt worden war, wollte den Feind vor Verdun „weißbluten" lassen. Er erhoffte sich dadurch einen Zusammenbruch der französischen Kriegsmoral, denn strategisch konnte die Eroberung des mehr als 250 Kilometer östlich von Paris gelegenen Verdun nicht die Kriegsentscheidung bringen. Umstritten war auch der Operationsplan. Nach den Vorstellungen Falkenhayns sollten die deutschen Verbände nur auf dem Ostufer der Maas vorrücken, nicht jedoch auf dem Westufer, was von Kritikern des Angriffsplans, wie etwa von Kronprinz Wilhelm oder vom Stabschef der 5. Deutschen Armee, Konstantin Schmidt von Knobelsdorf, dem die operative Leitung der Schlacht oblag, als schwerer Fehler angesehen wurde.

Bereits Ende 1915 begannen die Vorbereitungen für den deutschen Angriff. Hierfür wurden 1 220 Geschütze zusammengezogen. Mehr als Tausend Munitionszüge transportierten zweieinhalb Millionen Artilleriegeschosse an die Front, die unter anderem von zwei 38-cm-Schiffsgeschützen („Langer Max") und 13 42-cm-Mörsern („Dicke Bertha") abgefeuert werden sollten.

Insgesamt 168 Flugzeuge, in zwölf Fliegerabteilungen und vier Kampfgeschwader wurden der 5. Armee unterstellt, die die Offensive vortrug. Am 21. Februar 1916 traten die Deutschen an. Der französische Oberbefehlshaber Joseph Joffre war vorgewarnt worden und hatte um Verdun, das in der Kalkulation des französischen Hauptquartiers bislang eher eine ungeordnete Rolle gespielt hatte, Truppen zusammengezogen. In den ersten fünf Tagen kamen die Deutschen unter dem Oberkommando von Kronprinz Wilhelm gut voran: Bereits am 25. Februar nahmen sie Fort Douaumont. Tags darauf kam der Angriff jedoch ins Stocken. Das Dorf Douaumont fiel erst am 4. März.

Die deutschen Verbände weiteten von nun an ihre Offensive auch auf das linke Maas-Ufer aus. Im Brennpunkt der Kämpfe lag dort der „Tote Mann", eine Anhöhe, die mehrfach ihren Besitzer wechselte. Am rechten Flussufer tobte derweil die Schlacht um Fort Vaux, dessen Besatzung am 7. Juni kapitulierte.

Obwohl Falkenhayn vier Divisionen wegen der Brussilow-Offensive an die Ostfront verlegen musste, ließ er seine Truppen am 22. Juni 1916 zu einem erneuten Großangriff antreten, der nur geringe Geländegewinne brachte. Die britisch-französische Entlastungsoffensive an der Somme, die weitere deutsche Truppenverschiebungen weg von Verdun nach sich zog, hielt Falkenhayn nicht davon ab, für den 11. Juli eine letzte Großoffensive zu wagen. Auch sie fuhr sich bei Fort Souville fest und brachte wiederum nur geringfügige Geländegewinne. Es folgten nunmehr nur noch kleinere Angriffe, wie der auf die Souville-Nase am 1. August 1916, die wiederum französische Gegenangriffe nach sich zogen. Im Großen Hauptquartier erkannte man schließlich, dass Falkenhayns strategische Mittel erschöpft waren, und berief ihn ab. Seine Nachfolger, Generalfeldmarschall Paul von Hindenburg und sein Stabschef General Erich Ludendorff als „Erster Generalquartiermeister", befahlen als erste Maßnahme die Einstellung jeglicher Offensiven vor Verdun.

Im Oktober begann dann die französische Gegenoffensive. Am 24. fiel Fort Douaumont, am 2. November Vaux. Das französische Oberkommando hatte inzwischen den umsichtigen Pétain, den „Helden von Verdun", durch General Robert Nivelle ersetzt, der ohne Rücksicht auf Verluste seine Soldaten nach vorne trieb. Am 20. Dezember 1916 wurde die französische Offensive angesichts der ungeheuerlichen Menschenopfer abgebrochen. Das Fazit der Schlacht: Für beide Seiten gab es keine nennenswerten Geländegewinne.

Faszination. Fritz ist von den Flugapparaten des Kampfgeschwaders, das nach Mont verlegt wurde, begeistert

keine einzelnen Schüsse mehr, nur ein Rollen". Hie und da sehen sie eine rote Leuchtkugel, die den düsteren Himmel über dem Schlachtfeld in grelles rotes Licht versetzt. Nach kurzem Ritt erreichen sie erschöpft und müde von den zurückliegenden Strapazen das Dorf Murville, ihren Einquartierungsort.

Die kommenden Tage in Murville vergehen mit der Vorbereitung ihres Einsatzes. Dazu gehören für Fritz Besprechungen im Regimentsstab im nahen Mont, Übungsschießen, Überprüfung der Gasmasken, aber auch Einweisungen in neue Waffen wie den Flammenwerfer. Begeistert ist Fritz, der soeben noch von den vielen Soldatengräbern beunruhigt gewesen ist, von den Flugzeugen des Kampfgeschwaders, das nach Mont verlegt wurde: „Es ist imposant, wie die Apparate mit rasender Schnelligkeit übers Dorf ziehen." Er macht sich Mut, notiert in sein Tagebuch, dass man angesichts dessen doch „kolossales Vertrauen in die Sache" gewinne. Unaufhörlich dröhnt derweil der Geschützlärm von der Verdun-Front herüber.

Übungsschießen I. Der Leistungsstand will überprüft sein

Übungsschießen II. Treffsicherheit kommt nicht von alleine

Waffenappell. Der Gewehrlauf muss blitzblank sein

Aufsatz. Der kiloschwere Stahlhelm-Vorsatz schützt vor Gewehrkugeln

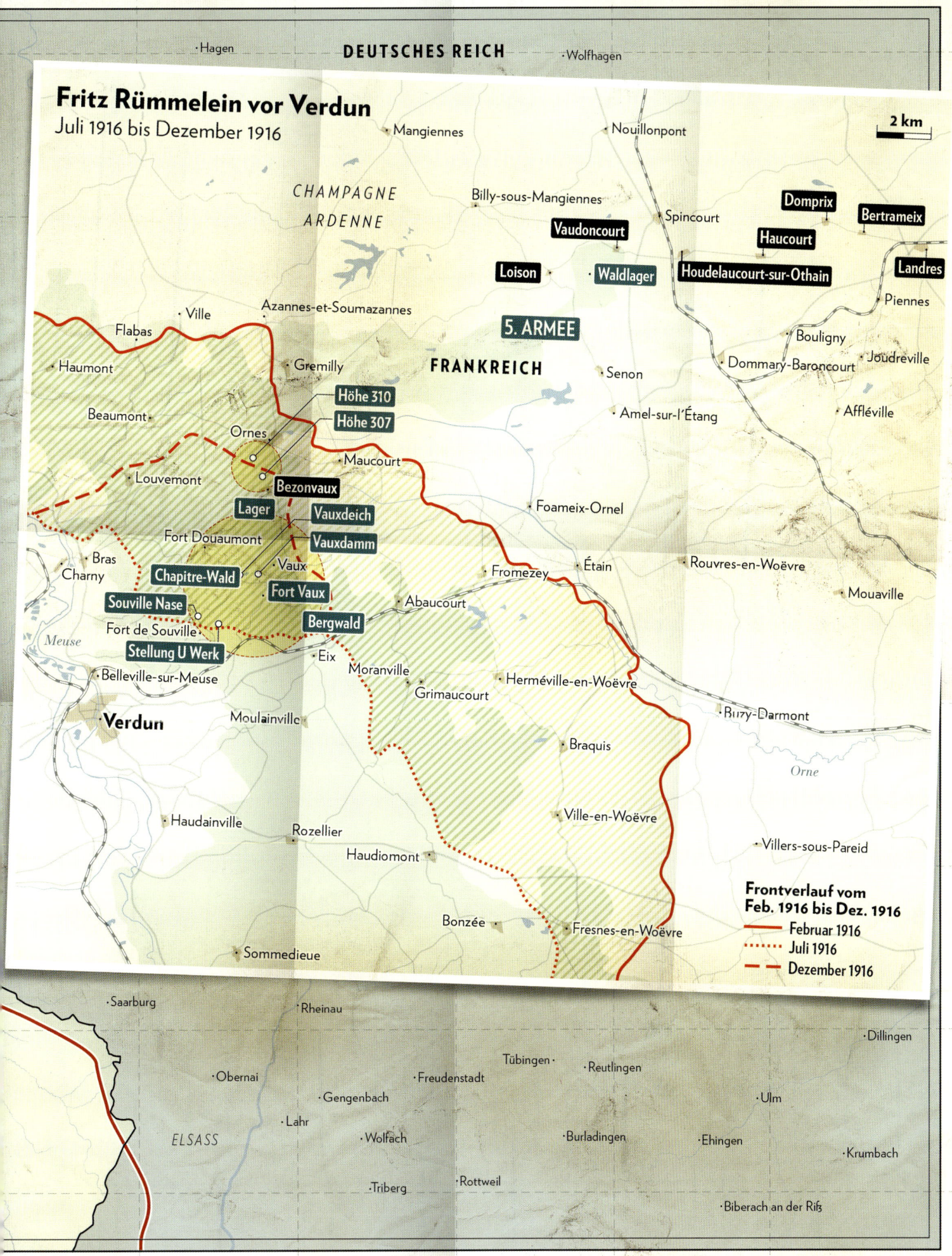

Erinnerung. Die Karte von Verdun und seiner unmittelbaren Umgebung hat Fritz beiseitegelegt – für später einmal, wie er sagt

Am 13. Juli rückt das Bataillon über die zerschossenen Dörfer Bertrameix, Domprix, Haucourt, Houdelaucourt und Vaudoncourt in Richtung Front vor. Unterwegs wird das ein oder andere Soldatenlied angestimmt. Schließlich sind sie am Etappenziel. Es ist das Lager im Wald von Viecourt. Dort angekommen, bezieht Fritz mit seinem Freund Dr. Wolff und anderen eine Baracke. Sie studieren Karten. „Ich heb sie mir im Koffer auf, um später Erinnerungen zu haben."

Mittagstisch. Fritz und von Wenckstern schmeckt der Eintopf aus dem „Henkelmann"

Nachschub. Für den Transport nach vorne werden auch Maultiere eingesetzt

Kampfspuren. Überall vor Verdun ist die Landschaft verwüstet

Gefangene. Für diese französischen Soldaten ist der Krieg vorüber

Lager. Sie haben überlebt und sind froh

Ringen an der Somme

Eine Feuerwalze wie bei der Vorbereitung der Großoffensive der Entente hatte die Welt noch nicht gesehen. Tagelang beschoss die Artillerie die deutschen Stellungen. In den Morgenstunden des 1. Juli 1916 begann dann der Angriff der Infanterie. 13 britische Divisionen – etwa 100 000 Mann – stießen nördlich der Somme vor und sechs französische Divisionen südlich des Flusses. Die Achse des Angriffs und dessen eigentliches Ziel bildete die alte Römerstraße von Albert nach Baupaume. Mit nennenswertem Widerstand der Verteidiger rechnete niemand mehr, weshalb die Entente-Truppen in dichten Schützenreihen im Marschtempo vorrücken sollten.

So hatte es der Angriffsplan vorgesehen, nachdem die Großoffensive von den französischen und britischen Oberbefehlshabern im Dezember 1915 in Chantilly, im Norden von Paris, beschlossen worden war und nun zur Entlastung der hart bedrängten Verdun-Front durchgeführt wurde. Doch die Wirklichkeit war eine andere: Völlig überraschte Entente-Truppen stießen auf erbitterten Widerstand der Deutschen. Denn die Artillerie hatte zu viel Schrapnell- und zu wenig Sprenggranaten abgefeuert, sodass Abertausende in den tief ins Kalkgestein gegrabenen Unterständen überlebt hatten.

Ungeachtet der geringfügigen Geländegewinne am südlichen französischen Frontabschnitt geriet die Offensive der Briten zur Katastrophe. Alleine am ersten Tag verlor die Entente 20 000 Soldaten (neunmal mehr Männer, als die Amerikaner am ersten Tag der Invasion in der Normandie verloren). 36 000 Verwundete und 2 100 Vermisste wurden gemeldet.

Trotz der furchtbaren Verluste hielt der vom französischen Oberkommando bedrängte Chef der britischen Expeditionsstreitmacht, Douglas Haig, den Druck auf die deutschen Streitkräfte aufrecht. Vom 4. Juli an befahl er immer wieder den Angriff, der nun überraschend und an begrenzten Frontabschnitten vorgetragen werden sollte. 46-mal rannten in den darauffolgenden neun Tagen allein Briten, Australier, Neuseeländer, Südafrikaner, Kanadier und Inder gegen die deutschen Gräben an. Immer wieder stemmten sich die Reste der weit unterlegenen deutschen Infanterie dagegen.

Nicht anders war es südlich der Somme, im Bereich der 4. französischen Armee, wo reguläre Verbände sowie afrikanische Kolonialtruppen angriffen. Am 14. Juli gelang es den Briten, die an den vorangegangenen Tagen wiederum mehr als 25 000 Mann verloren hatten, dann doch, auf dem Bergkamm von Bazentin eine größere Bresche in die deutschen Verteidigungslinien zu schlagen. Fast sechs Kilometer waren sie in das feindliche Grabensystem vorgedrungen. Doch die Verstärkungen konnten nicht schnell genug herangeführt werden, sodass die Deutschen zum Gegenangriff antraten und das verlorene Terrain zurückerobern konnten.

So ging das blutige Ringen an der Somme weiter. Immer neue Reserven wurden herangeführt, um in der „Knochenmühle Somme" zermahlen zu werden. Am 15. September 1916 begann die dritte Großoffensive der Entente. Dabei tauchten bei Flers-Courcelette erstmals 49 stählerne Kolosse auf, die Tanks genannt wurden. Sie kündigten eine neue Dimension des mechanisierten Krieges an, die Ernst Jünger von der Somme-Schlacht als der Geburtsstunde des 20. Jahrhunderts sprechen ließ.

Trotz der immer größer werdenden materiellen Überlegenheit endete auch die dritte Großoffensive der Entente wie die beiden vorangegangenen. Sie fuhr sich unter gewaltigen Menschenopfern fest, was nicht zuletzt darauf zurückzuführen war, dass die Deutschen unter der dritten Obersten Heeresleitung von Paul von Hindenburg und Erich Ludendorff von der taktischen Doktrin der starren Verteidigung allmählich abgerückt und zu einer flexiblen Kampfführung übergegangen waren.

Da man sich aufseiten der Entente das Scheitern nicht eingestehen wollte, folgten weitere, verlustreiche Angriffe. Erst als die hereinbrechende feuchte Jahreszeit im November den Kampfboden grundlos zu machen begann, wurde es stiller an der Somme. Die Millionen Geschosstrichter füllten sich nun mit Wasser und wurden zum größten Friedhof Europas. Denn die meisten Gefallenen hatten nicht geborgen werden können.

Die Somme-Schlacht wurde zum Symbol für die Sinnlosigkeit des Krieges: Denn mehr als eine Million Soldaten, davon 335 000 Deutsche, waren in dem fünf Monate langen Kampf gefallen oder verwundet worden – in einem Kampf, an dessen Ende ein Geländegewinn der Entente von ganzen acht Kilometern stand.

Verwundetentransport. Am ersten Tag der Somme-Schlacht verlor die Entente 20 000 Mann

Regimentsgeschichte. In unzähligen Schriften wurde die Schlacht an der Somme thematisiert

Ornes. Etwas südwestlich (links vorne) von dem hier noch nicht zerstörten Dorf erhebt sich die Doppelhöhe 307 und 310, die Fritz nach seiner Ankunft besteigt

Baukommando. Am Fuß der Höhe 310 beseitigen deutsche Infanteristen die Schäden, die der französische Artilleriebeschuss verursacht hat

JULI 1916 – DEZEMBER 1916

Am darauffolgenden Morgen erreichen sie bei Ornes die Höhe 310, die ein deutsches Infanterie-Regiment bereits im Sommer 1914 genommen hat und um die Ende desselben Jahres erbittert gekämpft worden ist. Am Fuß des Hügels beziehen sie eines der zahlreichen, überaus kargen Bereitschaftslager. „Abends gehen wir nach 307, wo ein Beobachtungsstand der 1. Bayrischen Infanterie-Division ist. Durchs Scherenfernrohr sehen wir alles vor uns liegen, Douaumont mit seiner beherrschenden Lage (...) Man muss immer mehr staunen über die Leistungen derer, die's genommen haben."

Bei Bezonvaux, ein paar Kilometer südlich der strategisch wichtigen Doppelhöhe 307/310, nimmt das Bataillon drei Tage später in einem gut ausgebauten Lager Quartier. Vom Beobachtungsstand des Regiments am Südhang des Hardaumont habe man einen herrlichen Blick über die Ebene. „Alles ist in Grund und Boden geschossen (...) Östlich des Fumin-Rückens der Bergwald, östlich daran, nicht ganz auf der Höhe, das Fort Vaux. Die vielen Beschießungen (...) haben dem Werke arg zugesetzt. Trotz-

Todeszone. Im Gelände westwärts von Ornes in Richtung Douaumont gibt es keinen Quadratmeter, an dem nicht eine Granate eingeschlagen ist

JULI 1916 – DEZEMBER 1916

dem sind seine Kasematten derart, daß sie noch ein ganzes Bataillon bergen können. (...) Wenn ich den Hang sehe, der genommen wurde, bleibt mir fast das Herz stehen. Was da geleistet worden ist, ist unmenschlich", schreibt Fritz, der mitunter Deckung suchen muss, denn einige Granateinschläge kommen bedenklich nahe. Am 17. Juli wird ein deutsches Pionierdepot von der französischen Artillerie getroffen. Es detonieren 17 000 Handgranaten und eine Unmenge Dynamit. Es habe eine Erschütterung wie bei einem Erdbeben gegeben, notiert Fritz.

Vaux. Obwohl vom Fort kaum noch etwas zu erkennen ist, bieten seine Kasematten immer noch Schutz für die Soldaten

Seekrieg

"Der letzte Mann". Das Bild von Hans Bohrdt über die Schlacht bei den Falklandinseln gehörte in jeden patriotisch gesinnten Haushalt

Uneingeschränkter U-Boot-Krieg. Der britische Frachter wurde von U 95 torpediert

Die letzten Jahrzehnte vor dem Ersten Weltkrieg waren von der deutsch-britischen Flottenrivalität geprägt. Kaiser Wilhelm II. – der Enkel von Queen Victoria – blickte Zeit seines Lebens mit einer Mischung aus Neid und Bewunderung auf die maritime Großmacht Großbritannien. Sein Lebenstraum war der Aufbau einer starken Kriegsflotte, die der englischen ebenbürtig sein sollte.

Unter dem Marinestaatssekretär Alfred von Tirpitz wurde daher die Flottenrüstung – des Kaisers „liebstes Kind" – energisch vorangetrieben. England sah darin eine Bedrohung und rüstete seinerseits unter Winston Churchill, seit 1911 Erster Lord der Admiralität, und dem Ersten Seelord Admiral John Fisher vehement auf. Als der Erste Weltkrieg ausbrach, war die kaiserliche Kriegsmarine zwar die zweitstärkste der Welt, doch mit weitem Abstand zur britischen. Das Kräfteverhältnis lag bei 510 englischen zu 268 deutschen Schiffen.

Wegen der britischen Überlegenheit auf dem Meer scheute man in der Berliner Seekriegsleitung die offene Schlacht der Überwassereinheiten, es sei denn, man konnte ihr nicht aus dem Weg gehen. So war dies im Dezember 1914 bei den Falklandinseln. Das deutsche Ostasiengeschwader, das für den Schutz der Kolonien im Pazifik und in China zuständig war, hatte sich nach der Eroberung von Tsingtau durch die Japaner zurückziehen müssen. Auf dem Weg nach Europa wurde es vor Südamerika von britischen Zerstörern angegriffen. In der erbittert geführten Seeschlacht wurden alle deutschen Schiffe versenkt. Der Geschwaderkommodore, Admiral Graf Spee, ging dabei mit seinem Flaggschiff unter, so, wie es der Ehrenkodex der kaiserlichen Seeoffiziere verlangte.

Der deutsche Seekrieg beschränkte sich auf den Kampf gegen die britische Seeblockade, mit der die Admiralität in London vom Sommer 1914 an recht erfolgreich die überseeischen Versorgungswege des Reiches kappte. Dies geschah mit Unterseebooten, die die englischen Blockade-Kriegsschiffe bekämpften.

Gleichzeitig begann die Seekriegsleitung ihrerseits einen Tonnagekrieg gegen die Britischen Inseln. Dieser U-Boot-Krieg wurde auf deutscher Seite bis 1915 und dann wieder vom 1. Februar 1917 an uneingeschränkt geführt. Das bedeutete, dass Handelsschiffe unter feindlicher Flagge auch ohne Vorwarnung versenkt werden durften. Die deutsche U-Boot-Flotte kam dabei auf beträchtliche Mengen an versenktem Schiffsraum, konnte aber dennoch den Warenverkehr der Westmächte nicht wesentlich beeinträchtigen.

Erfolgreicher verlief der Seekrieg gegen die Flotte Russlands. Die Deutschen sperrten mit ihren türkischen Verbündeten die Dardanellen, um dieser den Zugang zum Mittelmeer unmöglich zu machen. Selbst im Schwarzen Meer behielten deutsche und türkische Schiffe die Oberhand über die Flotte des Zaren.

Ende Mai 1916 rang sich die Seekriegsleitung dazu durch, die großen Schlachtschiffe, das Herzstück der Flottenrüstung, doch noch einzusetzen. Am Skagerrak trafen die deutschen und britischen Überwassereinheiten aufeinander. Die deutsche Flotte befehligte Admiral Reinhard Scheer, der Chef des Stabes der Hochseeflotte, die britische Admiral Sir John Jellicoe, der Befehlshaber der Grand Fleet. Zwei Tage dauerte die Schlacht, und keine der beiden Seiten ging als Sieger daraus hervor.

Taktisch gesehen, erbrachte die Skagerrak-Schlacht Vorteile für die Deutschen, strategisch hingegen endete sie mit einem Patt. Die Engländer hatten ihr Ziel, die deutsche Hochseeflotte zu vernichten, verfehlt. Zudem erlitten sie empfindliche Verluste. Die Deutschen dagegen errangen zwar einen Achtungserfolg, konnten aber weder an der Seeblockade noch an der britischen Seeherrschaft etwas ändern. Das meldete auch Admiral Scheer nach der Schlacht an den Kaiser. Die Konsequenz daraus war, dass die Flotte in den Häfen blieb.

Erst im Oktober 1918 plante die deutsche Seekriegsleitung unter Scheer das erneute Auslaufen der Hochseeflotte. Nach dem Zusammenbruch der Westfront wollte man die britische Flotte im Ärmelkanal zur Entscheidungsschlacht stellen. Doch die Matrosen in Kiel und Wilhelmshaven begehrten dagegen auf. Ihre Revolte bildete den Auftakt zur Novemberrevolution in Deutschland.

Im Versailler Vertrag wurde schließlich festgelegt, dass die deutsche Kriegsflotte in dem britischen Marinestützpunkt Scapa Flow dem Sieger ausgeliefert werden sollte. Konteradmiral Ludwig von Reuter gab daraufhin am 21. Juni 1919 den Befehl zur Selbstversenkung.

Erkundungstrupp. Fritz (l.) und zwei Offizierskameraden lassen sich noch einmal ablichten, bevor es losgeht

Kampfmittel. Ein Infanterist wartet auf die Ausgabe der Handgranaten

Grauen. Die Gefallenen werden nahe dem Vaux-Teich nicht geborgen

Kurz darauf erkundet er mit zwei Kameraden den Weg in die vordersten Stellungen beim Fort Vaux, in die das Bataillon am 23. Juli verlegt werden soll. Fritz hält darüber fest: „Wir ziehen los. Allmählich und gemächlich geht's den Hang herunter, plötzlich bemerken wir, daß uns ein feindliches Maschinen-Gewehr beschießt. Da heißt es aber laufen. Und dann, als die Lunge nicht mehr recht will, hinlegen. Nach kurzer Atempause geht das Rennen runter bis an den Vauxdamm, fix drüber, am jenseitigen Vauxhang wird Halt gemacht. Übel ist der Weg, dazu die rechts und links daran liegenden Leichen, deren Geruch ganz ekelig ist. Die armen Kerls, da liegen sie und müssen allmählich verwesen. (...) Nach anstrengendem Lauf, wiederum zwischen Toten hindurch, erreichen wir das U-Werk. Triefend vor Schweiß, als wie aus dem Wasser gezogen, geht's hinein in die dumpfen Räume. Der Stab des 1. Bataillons nimmt mich sehr nett auf. Ganz geblendet ist man noch durch das Tageslicht. Sofort legt sich auf die Lungen der Druck des Leichengeruchs, der hier herrscht."

Hier soll Fritz mit von Wenckstern und dem Stab am 23. Juli einziehen und die Kameraden vom 1. Bataillon ablösen.

Nach einer Nacht im U-Werk von Fort Vaux verschafft sich der von einem Darminfekt geplagte Fritz einen Eindruck vom Zustand der vordersten Stellungen. „Alles noch ganz seichte Gräben. Unterstände gibt es so gut wie keine. Wir gehen die ganze Stellung ab, manchmal heißt's, sich mächtig bücken, da er (der Feind) die Stelle einsieht. Die Leute sehen richtig nach Krieg aus. Ungewaschen, unrasiert, alles klagt über Durst. Nachdem wir alles gesehen haben, geht's im Marsch, Marsch wieder zum U-Werk" und von dort nach kurzer Rast zurück zur eigenen Truppe.

JULI 1916 – DEZEMBER 1916

Am 23. Juli 1916 rückt dann das 3. Bataillon – wie vorgesehen – in die Stellungen nahe Fort Vaux vor. Zunächst geht alles gut. Doch bald ist die Truppenverschiebung von den Franzosen ausgemacht worden. Sie werden nun von Artillerie beschossen und weiter vorne von Maschinengewehren. Doch die Männer haben Glück: Die dabei erlittenen Verluste halten sich in Grenzen.

Das ändert sich jäh, als das Bataillon am 1. August an der Erstürmung der sogenannten Souville-Nase und bald darauf beim Kampf um den Bergwald und Chapitre-Wald teilnimmt. Als die Franzosen Mitte des Monats den Versuch unternehmen, die Deutschen wieder aus den soeben genommenen Stellungen zu werfen, geht es nicht weniger blutig zu. Wieder einmal pflügt die Artillerie die Erde um, wieder einmal wechseln Gräben mehrmals ihre Besitzer, ohne dass sich am Frontverlauf etwas gravierend ändert. Wieder einmal fallen sie zu Tausenden, werden durch Artilleriegranaten und Fliegerbomben zerfetzt, durch Giftgas erstickt, durch Maschinengewehrgarben niedergestreckt oder im Nahkampf erstochen, erschossen und erschlagen.

Grabenszene. Wissen, was der Feind vorhat, ist überlebenswichtig

Waldsterben. Von den Bäumen ist in Verdun nicht mehr viel übrig

Friedensinitiativen

Theobald von Bethmann Hollweg. Der Reichskanzler war der Urheber der ersten Friedensinitiative im Weltkrieg

Ottokar Graf Czernin. Er versuchte, im Alleingang den Frieden herbeizuführen und scheiterte

Im August 1914 rechneten sowohl die Mittelmächte als auch die Entente mit einem kurzen Krieg. So unklar auf beiden Seiten dessen Ziele waren, so unklar waren die Vorstellungen von einer vorzeitigen Beendigung des Krieges. Die Konflikte des 19. Jahrhunderts waren meist durch Vermittlung einer neutralen europäischen Großmacht geschlichtet worden. Seit seiner Gründung 1871 war dies immer häufiger das Deutsche Reich. Im Ersten Weltkrieg gab es dagegen keine neutrale europäische Großmacht, deren Vermittlung man hätte anrufen können. Diese Rolle übernahmen seit Ende 1916 die Vereinigten Staaten.

Das Jahr mit seinen furchtbaren Materialschlachten neigte sich schon dem Ende entgegen, als am 12. Dezember die Mittelmächte unter Federführung Deutschlands mit einem Friedensangebot aufwarteten. Der kriegsmüde Kaiser Wilhelm II., der gegen den Widerstand der OHL an Reichskanzler Theobald von Bethmann Hollweg festhielt, unterstützte die Initiative und bezeichnete sie als „eine sittliche Tat, die notwendig ist, um die Welt von dem auf allen lastenden Druck zu befreien". Allerdings nannte die Initiative selber keine konkreten Friedensbedingungen, drückte aber den Wunsch aus, dass die verfeindeten Parteien alsbald in Friedensverhandlungen eintreten möchten.

In Reaktion hierauf veröffentlichte der amerikanische Präsident Woodrow Wilson am 18. Dezember seinen Aufruf an die Kriegsparteien, konkrete Bedingungen für einen Frieden zu nennen. Dabei stellte er den Grundsatz eines „Friedens ohne Sieger" auf. Die deutsche Erwiderung hierauf stellte klar, dass man auf die Annexion Belgiens und der durchs Feldheer besetzten Teile Frankreichs verzichte, aber Garantien dafür verlange, dass die Westgrenze des Reiches in künftigen Konfliktfällen gesichert sei. Von den illusorischen Expansionswünschen der Anfangszeit hatte man sich verabschiedet. Dennoch ging den Entente-Mächten, die ihrerseits keine Garantien für Deutschlands Sicherheit abgeben wollten, das deutsche Angebot nicht weit genug. In ihrer Antwort vom 30. Dezember 1916 bezogen sich die Alliierten daher vor allem auf die belgische Frage. Sie warfen dem Reich vor, es mit der versprochenen Räumung Belgiens und auch Luxemburgs nicht ernst zu meinen, und lehnten den deutschen Friedensvorstoß ab. Daraufhin zogen die Mittelmächte am 5. Januar 1917 ihr Friedensangebot zurück. Wenige Monate später befürwortete Kaiser Wilhelm II. angesichts der andauernden britischen Blockade und der wirtschaftlichen Unterstützung des Empire durch die Vereinigten Staaten die Wiederaufnahme des uneingeschränkten U-Boot-Krieges, woraufhin Washington dem Deutschen Reich den Krieg erklärte.

Im selben Jahr kam es noch zu einem weiteren Friedensvorstoß, der mit der genannten „Sixtus-Affäre" endete. Kaiser Karl I., der 1916 dem verstorbenen Franz Josef I. auf den Thron gefolgt war, sandte seinen Schwager Prinz Sixtus von Bourbon-Parma im März 1917 mit einer Geheimbotschaft zum französischen Staatspräsidenten Raymond Poincaré. Darin erklärte er ohne Rücksprache mit Deutschland, bei Kaiser Wilhelm auf eine Rückgabe von Elsass-Lothringen an Frankreich hinzuwirken, falls Frankreich im Gegenzug Österreich seine italienischen Besitzungen garantiere.

Die Geheimverhandlungen zwischen Wien und Paris dauerten das ganze Jahr 1917 über an. Da sich die Lage an den Fronten nicht zu bessern schien, wollte sich der kriegsmüde und vom Auseinanderbrechen bedrohte Vielvölkerstaat über die Zeiten retten. Denn jedermann in Wien wusste, dass eine Niederlage unweigerlich das Ende des Habsburgerreichs bedeutet hätte. Am 2. April 1918 machte der k. u. k.-Außenminister Ottokar Graf Czernin die Verhandlungen öffentlich. Dabei behauptete er fälschlicherweise, der französische Ministerpräsident Georges Clemenceau habe einen Friedensschluss auch für den Fall abgelehnt, dass Deutschland Elsass-Lothringen an Frankreich zurückgäbe. Mit dieser Darstellung wollte Czernin sowohl Berlin als auch Paris unter Druck setzen.

Clemenceau reagierte, indem er den ersten „Sixtus-Brief" veröffentlichte, in dem der Schwager des Kaisers Poincaré das deutsche Gebiet angeboten hatte. Nun war Kaiser Karl schwer kompromittiert. Vor der deutschen Öffentlichkeit stand er als Verräter da, versprach er doch Frankreich Territorien, die ihm gar nicht gehörten. Czernin musste zurücktreten, und Österreich blieb nichts anderes, als auf eigene Friedensinitiativen zu verzichten. Die Hoffnungen auf ein Kriegsende im Jahr 1917 hatten sich damit zerschlagen.

Kriegsgrauen. Die Bergung der oft fürchterlich zugerichteten gefallenen Soldaten wird mitunter von Strafkompanien besorgt

Unter den Gefallenen sind Fritz Rümmeleins Freunde Lahmann und Dr. Wolff, die zwei Jahre als gute Kameraden an seiner Seite gestanden haben. Ein Artillerietreffer hat ihre jungen Leben ausgelöscht. Fritz, der angesichts der Ereignisse nicht mehr zum Tagebuchschreiben gekommen ist, fotografiert später auch ihre hergerichteten Soldatengräber. Er selbst hat die Stahlgewitter der August-Kämpfe, abgesehen von einer Verletzung an der Hand, relativ unbeschadet überlebt.

Ende September – das Bataillon ist inzwischen für einige Wochen aus der Verdun-Front herausgelöst worden – ist Fritz wieder einmal für ein paar Tage auf Heimaturlaub in Hanau. Den Eltern in Zwiesel schreibt er am 8. Oktober, an dem Tag, an dem er wieder in Richtung Front aufbricht, eine Postkarte und grüßt sie mit einem trotzigen „Heil und Sieg". Mit dem Sieg ist dies aber so eine Sache. Das Heil, oder besser gesagt das Glück, ist Fritz, der inzwischen nicht ohne stolz das Eiserne Kreuz Erster Klasse an seinem Uniformrock trägt, jedoch nach wie vor hold. Denn er, der psychisch und körperlich erschöpft ist, der die Flechte und die Läuse hat, weilt immer noch auf dieser Erde, als der große französische Angriff von Mitte Dezember 1916 auf dem Hardaumont und bei Bezonvaux vorüber ist. Die Franzosen haben den Außengürtel der Nordostfront von Verdun wieder zurückerobert. Und die Deutschen stehen fast wieder dort, wo sie zu Beginn des Jahres zur Offensive angetreten sind.

Eichenkränze. Lahmann und Wolff sind Weggefährten von Fritz aus den frühen Tagen in Brécy gewesen

„Die Kanonen sind feste bei der Arbeit"

JANUAR 1917 – OKTOBER 1917

Bei Reims. Beim Kampf um den Mont Cornillet werden Fritz Rümmelein und sein Bataillonskommandeur verschüttet. Doch die Kameraden graben sie aus

KAPITEL IV
Fritz Rümmelein wird beim Sturm auf den Mont Cornillet lebendig begraben

Es sind ein paar bessere Wochen, die Fritz um die Jahreswende 1916/17 beschert sind – Wochen ohne die unerträgliche Nervenanspannung, ohne die hässliche Fratze des Soldatentodes ständig vor Augen zu haben. Seine Division ist jetzt Reserve der Obersten Heeresleitung und liegt hinter der Armeeabteilung Falkenhausen in der Nähe des rheinland-pfälzischen Saarburg. Das bedeutet für die erschöpften Kämpfer und damit auch für Fritz etwas Ruhe und Entspannung. Doch Fritz wäre nicht er selbst, setzte er sich nicht auch hier für die große Sache, an die er glaubt, ein. So kümmert er sich um Verwundete und hilft bei der Eingliederung der Neuen in das Bataillon. Doch auch diese Zeit hat einmal ein Ende.

Nachdem sie noch am 27. Januar den Geburtstag des Kaisers, ihres obersten Kriegsherrn, kräftig gefeiert haben, rücken sie Anfang Februar wieder aus. Die Division löst eine andere in Lothringen ab. Es ist das alte Prozedere: Hinein in die Stellungen, ein paar Tage dort mehr vegetieren als leben, wieder heraus aus den Stellungen und in den Ruheraum, ehe alles wieder von Neuem beginnt. Doch an der vergleichsweise ruhigen, strategisch weniger bedeutenderen Front in Lothringen bleibt die 21. Infanterie-Division nicht lange.

„Fort von hier zu den Entscheidungskämpfen", schreibt Fritz am 5. Mai 1917 dem Großvater nach Zwiesel. Seine Division, die noch einmal für zwei Wochen als Reserve der Obersten Heeresleitung (OHL) hinten gelegen hat, zieht wieder in die Champagne, diesmal in die Gegend von Reims. Dort versuchen Franzosen und noch weiter nördlich die Engländer mit einer Million Soldaten, 3500 Geschützen und 200 Tanks, wie die Panzer damals hießen, seit Mitte April 1917, den Durchbruch durch die deutschen Linien zu erzwingen. Doch die Großoffensiven, die als Doppelschlacht an der Aisne und in der Champagne in die Geschichte eingehen, scheitern nach ein paar Kilometern Geländegewinn unter unbeschreiblichen Verlusten am erbitterten Widerstand der dort kämpfenden 1. und 3. deutschen Armee.

Kaliber 10,5. Eine deutsche Feldhaubitze wird durch ein Dorf in der Nähe von Reims gezogen

JANUAR 1917 – OKTOBER 1917

Zur Unterstützung der beiden Armeen verlegt die 21. Infanterie-Division – als der Abwehrsieg sich bereits abzeichnet und die Kriegsführung der Entente angesichts meuternder französischer Truppenteile in die Krise gerät – in die Gegend der Kleinstadt Rethel. Da auch die deutschen Kräfte erschöpft sind, kann die dritte OHL unter Hindenburg und Ludendorff daraus kein Kapital schlagen. Die Front erstarrt so Ende Mai 1917 einmal mehr im Stellungskrieg. Nur ab und zu gibt es kleine und kleinste Geländegewinne zu verzeichnen – etwa durch den Angriff von Fritzens Bataillon am 10. August 1917 auf den ostwärts von Reims gelegenen Mont Cornillet.

Schon seit Beginn der französischen Offensive im Frühjahr ist um den Berg hart gerungen worden, unter dem sich ein altes Kreidebergwerk samt ausgedehntem Stollensystem verbirgt. Dieses ist von den Deutschen nach der Eroberung des Cornillets, wie zuvor von den Franzosen, als Mannschaftsunterkunft, Notlazarett und Befehlsstand genutzt worden. Am 20. Mai hat eine schwere Gasgranate einen Luftkamin durchschlagen und ist in einem Stollen explodiert. Hunderte Soldaten eines württembergischen Infanterie-Regiments sind dabei verschüttet worden. Die meisten von ihnen sind einen grausamen Erstickungstod gestorben, da sie sich nicht mehr ins Freie haben retten können. Die Franzosen haben die Situation genutzt und trotz deutscher Entlastungsvorstöße den Berg erstürmt – allerdings zu einem hohen Blutzoll.

Meldegänger. Der Mann wartet auf einen günstigen Augenblick, um sicher aus dem Graben zu kommen

Kriegseintritt der Vereinigten Staaten

Der Eintritt der Vereinigten Staaten an der Seite der Entente in den Ersten Weltkrieg entschied diesen. Schon zur Jahrhundertwende waren sie die stärkste Wirtschaftsmacht der Erde. Außenpolitisch orientierte sich Washington seit 1823 an der „Monroe-Doktrin", dem Konzept einer strikten Nichteinmischung. In den europäischen Mächtekonstellationen spielten die Vereinigten Staaten folglich keine Rolle; an den dortigen Kriegen nahmen sie ebenfalls nicht teil.

Erst mit Theodore Roosevelt, der von 1901 bis 1909 Präsident war, vollzogen die Vereinigten Staaten eine radikale Neuinterpretation der Monroe-Doktrin. Das Ziel der amerikanischen Außenpolitik war fortan die Hegemonie in der westlichen Hemisphäre. Diese sollte nicht durch Eroberungen, sondern durch wirtschaftliche Dominanz herbeigeführt werden.

Im Jahr 1913 wurde mit Woodrow Wilson wiederum ein Verfechter der traditionellen Nichteinmischung Präsident. Als der Erste Weltkrieg ausbrach, war er zunächst darauf bedacht, sein Land aus dem Krieg herauszuhalten. Doch Roosevelts Plan war bei den amerikanischen Eliten nach wie vor populär, und der Krieg versprach das große Geschäft, das die Delle in der amerikanischen Wirtschaft in der Vorkriegszeit mehr als kompensieren würde.

Wenn die amerikanischen Sympathien sich der Entente zuneigten, dann hatte dies nicht nur mit den Absatzmärkten zu tun, sondern mit dem Bild vom hässlichen Deutschen, das in der Propaganda der Entente gezeichnet wurde. Diese galten spätestens nach den groß aufgebauschten deutschen Vergeltungsmaßnahmen unter Partisanen in Belgien als Hunnen und Feinde der Zivilisation.

Als am 7. Mai 1915 das britische Passagierschiff „Lusitania" von dem deutschen U-Boot U 20 vor Irland versenkt wurde, befanden sich unter den Toten auch 128 amerikanische Staatsbürger. Was die britische Propaganda verschwieg, war die Tatsache, dass das Schiff, das sich auf dem Weg von New York nach Southampton befand, unter anderem auch große Mengen an Munition an Bord hatte. Der Ozeanliner war damit nach britischem Reglement ein Blockadebrecher und durfte versenkt werden. Ungeklärt ist bis heute die Frage, weshalb die „Lusitania" von der britischen Admiralität unter der Führung Winston Churchills vor den deutschen U-Booten, deren Operationsgebiet bekannt war, nicht gewarnt worden war.

Der Eindruck vom barbarischen Deutschen verfestigte sich nach der Versenkung der „Lusitania" in der westlichen Welt und damit auch in den Vereinigten Staaten, deren Regierung scharf gegen die Torpedierung des Schiffs protestierte. Die unter Druck geratene deutsche Seekriegsleitung brach daraufhin den uneingeschränkten U-Boot-Krieg ab.

Künftig durften Passagierschiffe und Frachter nicht mehr ohne Vorwarnung versenkt werden. Das hieß, dass deutsche U-Boote nun gezwungen waren, vor einem Angriff aufzutauchen und das entsprechende Schiff zu durchsuchen. Dadurch gaben sie zwangsläufig ihren eigenen Standort preis und gefährdeten sich selbst. Die Wiederaufnahme des uneingeschränkten U-Boot-Kriegs auf Druck Ludendorffs im Frühjahr 1917 entsprang so einem Dilemma der deutschen Tonnage-Kriegsführung.

Die unmittelbare Folge des Schritts war der amerikanische Kriegseintritt am 6. April 1917. Noch am 22. Januar desselben Jahres hatte Wilson in einer Rede vor dem Senat einen „Frieden ohne Sieger" beschworen. Nun war er selber entschlossen, den unter den Kriegslasten stöhnenden Westmächten zum Sieg über Deutschland zu verhelfen. Ab Herbst 1917 landeten die Vereinigten Staaten Truppen in Frankreich an. Bis Kriegsende sollten es über eine Million sein. Als einer der Ersten erschien bereits im Juni 1917 der amerikanische Oberbefehlshaber, General John J. Pershing, in Paris. Am Grabe Lafayettes, jenes französischen Heerführers, der im 18. Jahrhundert den Unabhängigkeitskampf der Amerikaner gegen England unterstützt hatte, sprach sein Adjutant, Colonel Stanton, die historischen Worte: „Lafayette, nun sind wir da!"

Die Soldaten der American Expeditionary Forces hatten zwar die geringste Kriegserfahrung, dafür waren sie ungleich höher motiviert, vor allem aber auf einem Niveau ausgerüstet und verpflegt, von dem deutsche oder französische Soldaten nur träumen konnten. Die Anwesenheit der Amerikaner in Frankreich entschied letztendlich den Krieg und ebnete Amerika den Weg zur Supermacht. Der Preis, den die Vereinigten Staaten dafür bezahlten, waren etwa 200 000 Verwundete und fast 120 000 Tote.

RMS „Lusitania". Nicht nur amerikanische Passagiere, sondern auch Munition hatte der Ozeanliner an Bord, als ihn U 20 torpedierte

Woodrow Wilson. Der amerikanische Präsident erklärte im April 1917 dem Deutschen Reich den Krieg

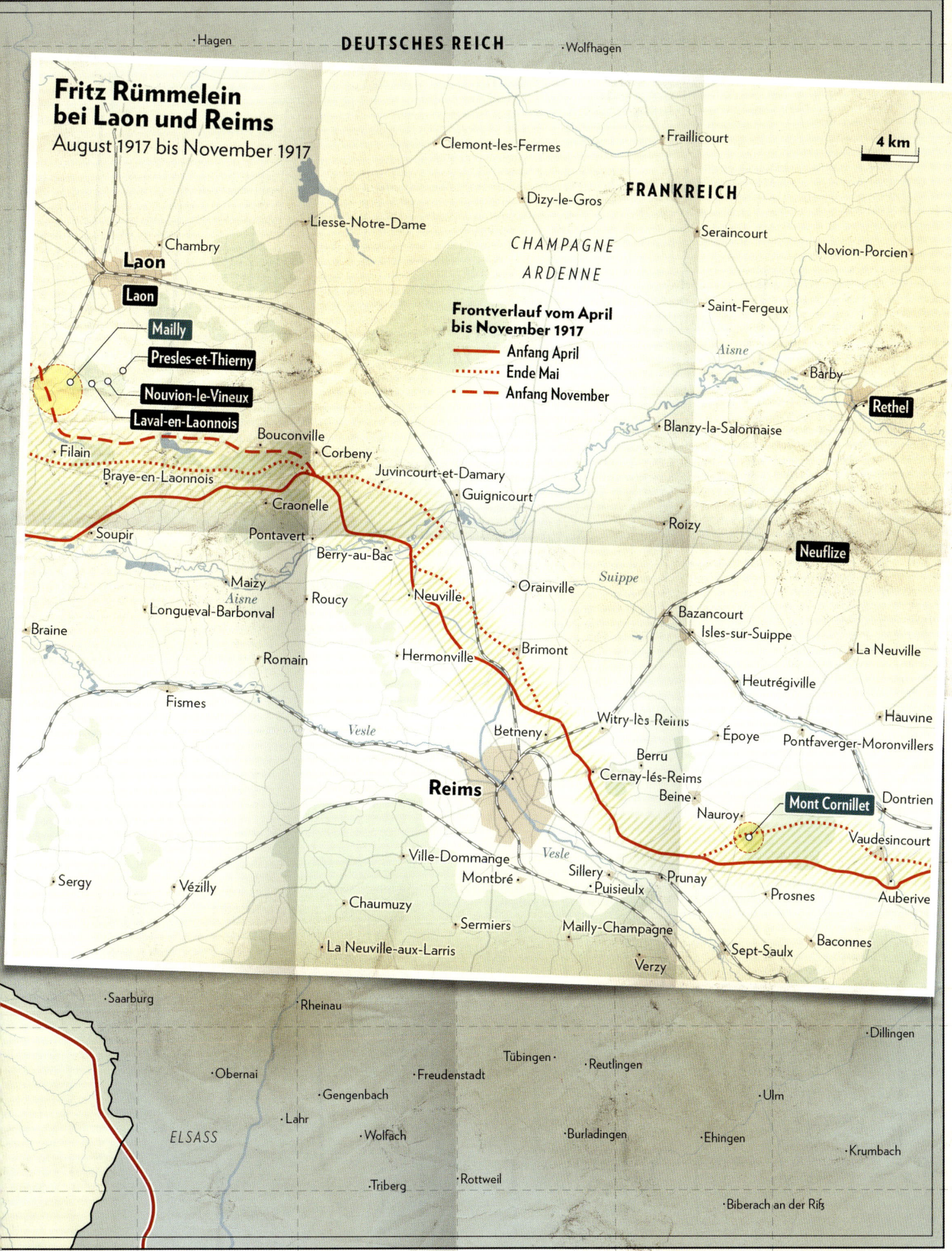

JANUAR 1917 – OKTOBER 1917

Von Wencksterns Bataillon ist nun befohlen worden, den Mont Cornillet zurückzuerobern. Nach langen Vorbereitungen, an denen Fritz beteiligt ist, treten die Männer – verstärkt durch andere Kompanien – am 10. August 1917 an. Es gelingt ihnen trotz schwerstem französischem Artilleriefeuer, in die feindlichen Stellungen am Nordhang des Mont Cornillet einzubrechen und diese zu nehmen. Der Kampf ist noch nicht beendet, als eine schwere Granate nahe dem Bataillonsgefechtsstand einschlägt und den Stollen, in dem dieser Deckung gesucht hat, zum Einsturz bringt. In einem zeitgenössischen Bericht ist darüber zu lesen: „Während der Kampfhandlungen wurde Hauptmann von Wenckstern mit seinem Adjutanten, dem hervorragend tapferen Leutnant Rümmelein, und dem Artilleriebeobachter, Leutnant Boehringer, verschüttet, und nur dem unerschrockenen, treuen Zugreifen verschiedener Mannschaften verdanken es die Offiziere, daß sie trotz stärksten feindlichen Artilleriefeuers ausgegraben werden konnten."

Mont Cornillet. Das Foto zeigt wahrscheinlich den Eingang zu dem Stollen, in dem Fritz und sein Bataillonskommandeur verschüttet wurden

Bataillonskommandeur. Hauptmann Karl von Wenckstern gönnt sich eine Pause nach der Schlacht um den Mont Cornillet

Nivelle-Offensive

Robert Nivelle. Der französische General peitschte seine Truppen nach vorne, was Meutereien nach sich zog

Im Jahr 1917 konzentrierte sich das Kriegsgeschehen im Westen auf das Artois und auf die Champagne. Dort unternahmen Franzosen und Briten jetzt einen neuen Anlauf, das Völkerringen zu ihren Gunsten zu wenden, nachdem die langen, blutigen Schlachten bei Verdun und an der Somme keine Entscheidung gebracht hatten und die Frontlinien im Großen und Ganzen die gleichen geblieben waren.

Den Auftakt der großen Frühjahrsoffensive machten am Ostermontag, dem 9. April 1917, die Commonwealth-Truppen. Der Oberbefehlshaber des britischen Expeditionskorps, Field-Marshal Douglas Haig, ließ nach tagelanger Artillerievorbereitung bei Arras 16 Divisionen auf einer Breite von 25 Kilometern gegen die Stellungen der 6. deutschen Armee anrennen. Wie schon bei Baupaume im September 1916 wurde der Angriff mit der Unterstützung von Tanks vorgetragen.

Die deutschen Truppen wurden zum Teil nicht zuletzt wegen des schlechten Wetters – Schnee und Nebel behinderten die Feindaufklärung – in ihren Stellungen überrascht. Innerhalb weniger Stunden gelang es den Angreifern, in die deutschen Stellungen einzubrechen und die Front um zwei bis fünf Kilometer nach Osten zu verschieben. Dabei wurden mehr als 9000 Gefangene eingebracht. Besonders erfolgreich verlief der Angriff auf dem strategisch wichtigen Vimy-Rücken, den kanadische Einheiten, die erstmals zum Einsatz gelangten, im Sturm eroberten.

Am 16. April 1917 eröffneten die Franzosen ihre Doppeloffensive an der Aisne und in der Champagne. An der Aisne, jenem Fluss im Norden der Champagne, der schon 1914 eine schicksalhafte Rolle gespielt hatte, warfen die Franzosen 60 Divisionen ins Gefecht. Das Konzept von General Robert Nivelle, dem Oberbefehlshaber des französischen Heeres, hieß „offensive à outrance" – Offensive um jeden Preis. Denn nach zweieinhalb Jahren Krieg mit seinen gewaltigen Menschenopfern, mit Leid und Entbehrungen war es um die Moral seiner Landsleute nicht zum Besten bestellt. Und die Zeit arbeite gegen Frankreich, nahm man an, denn das verbündete Russland wurde durch die Februarrevolution geschwächt, was die Möglichkeiten der Deutschen im Westen vergrößern musste. Ein französischer Sieg musste also dringend her.

Doch die OHL hatte mit einem Angriff an der Aisne gerechnet. So trafen die französischen Infanteristen auf einen gut vorbereiteten Gegner. Wieder und wieder ließ Nivelle seine Soldaten besonders gegen den strategisch wichtigen Höhenzug Chemin des Dames (Damenweg) zwischen Soissons und Laon anrennen. Wieder und wieder wurden sie zurückgeschlagen. Auch ein zweiter Vorstoß weiter südlich brachte keine spürbare Entlastung für die schwer ringenden „Poilus", wie die französischen Soldaten genannt wurden. Selbst die neuen Renault-Panzer, die in dem hügeligen Gelände nur schwer vorankamen, änderten daran nichts.

Der ungeheure Blutzoll zog erstmals in diesem Krieg größeren Meutereien unter den französischen Soldaten nach sich. Insbesondere die Kolonialtruppen wollten sich nicht weiter für Frankreichs Interessen „verheizen" lassen. Tausende legten ihre Waffen nieder und verweigerten den Gehorsam. Die französische Führung griff mit unerbittlicher Härte durch, Kriegsgerichte verhängten Hunderte Todesurteile, 49 von ihnen wurden vollstreckt. Das Beispiel der Russen, die kurz zuvor den Zaren zur Abdankung getrieben und eine Einstellung der Kämpfe erzwungen hatten, drohte auch in Frankreich Schule zu machen – zumal in den französischen Reihen auch russische Hilfstruppen kämpften. Um den Funken nicht zum Überspringen zu bringen, wurden diese nach Algerien abgeschoben.

Nivelle, der bald als Oberbefehlshaber des französischen Heeres abgelöst werden sollte, blieb keine andere Wahl, als die Offensive einzustellen. Denn die Opferzahlen verboten eine Fortsetzung der Angriffe. Sie beliefen sich auf 180000 Mann, darunter mehr als 30000 Tote. Und auch im Artois geriet die Offensive der Commonwealth-Truppen zum Misserfolg. Trotz der Einnahme des Vimy-Rückens war der entscheidende Durchbruch ausgeblieben. Hinzukamen die ungeheuren Verluste auf britischer Seite, die sich etwa auf 150000 Mann beliefen. Der Ausgang der Schlacht bei Arras hatte nicht zuletzt mit dem französischen Debakel an der Aisne zu tun. Hinzu kam aber auch die veränderte Operationsführung der Deutschen. Diese waren nämlich zu einer „elastischen Verteidigung" übergegangen, die einen effizienteren Einsatz der zur Verfügung stehenden Truppen ermöglichte.

38-cm-Blindgänger. Die Granaten schlugen bei den Kämpfen am Mont Cornillet ein

Erleichterung. Infanteristen der „87iger" legen bei ihrem Marsch in den Ruheraum in einem Ort nordöstlich von Reims eine Pause ein

Von Wenckstern übernimmt nach der glücklichen Rettung sogleich wieder die Führung über die Truppe, und auch Fritz steht ihm trotz zahlreicher Blessuren zur Seite. Der schwere Kampf um den Cornillet-Berg ist mit der Einnahme der Stellungen am Nordhang noch nicht vorüber. Denn die Franzosen werfen alles in den Kampf, was sie zur Verfügung haben. Im deutschen Heeresbericht heißt es unter dem 14. August 1917 über den westlichen Kriegsschauplatz: „An der Aisne-Front und in der Westchampagne war eine erhebliche Zunahme des Artilleriefeuers merkbar. Am Cornillet, südlich von Nauroy, griffen die Franzosen zweimal ohne jeden Erfolg die von uns dort am 10. August gewonnenen Stellungen an." Doch schon wenige Tage später müssen die Deutschen den Todesberg räumen und sich ein Stück weit zurückziehen. Zu groß ist die Übermacht der durch Kolonial-Regimenter aus dem Senegal verstärkten französischen Angreifer.

Besatzer. Die Offiziere des Bataillonsstabs haben sich im Schlosshof von Neuflize getroffen, um gemeinsam auszureiten

Das Bataillon von Fritz ist inzwischen aus der vordersten Front vor Reims herausgelöst und zur Auffrischung nach Neuflize verlegt worden. Der Stab ist in dem dortigen Château untergebracht, einem prächtigen Bau mit ausgedehntem Park. Wäre da nicht der Eindruck des soeben Erlebten und das gelegentliche Grollen der französischen Artillerie, hätte man dort fast vergessen können, dass Krieg ist: Fritz reitet aus, geht mit den Offizieren des Stabs auf die Jagd oder trinkt Beute-Champagner im Offizierskasino. Und er fotografiert wieder etwas mehr.

Den Fotoapparat hat Fritz auch dabei, wenn er die ganz in der Nähe stationierten Jagdflieger besucht. Das tut er in diesem Sommer – wenn er im Ruheraum ist – öfters, denn er ist fasziniert von der neuen, sich rasant entwickelnden Waffe. Nachdem er einmal hat mitfliegen dürfen, ist er vollends begeistert. Er schreibt davon dem Vater in Zwiesel. Doch dem ist die Fliegerei unheimlich, weshalb er antwortet: „Dass Du einen netten Flug gemacht hast, freut mich zu hören, 1 000 Meter ist schon eine Höhe, lass Dich nur nicht zu diesem Dienste verleiten."

Luftkrieg

Als sich die ersten deutschen und französischen Flugzeuge im Sommer 1914 über Belgien und Nordostfrankreich begegneten, hatte niemand der Piloten im Sinn, sich zu bekämpfen. Man rechnete sich auf beiden Seiten vielmehr einer Elite angehörig und grüßte einander freundlich. Der Krieg in der Luft, oder besser der Krieg aus der Luft, war zu diesem Zeitpunkt noch eine Sache der Ballons und Zeppeline. Von einem solchen wurde am 6. August 1914 auch der erste Luftangriff des Weltkriegs durchgeführt. Ziel war das belgische Lüttich. An Heiligabend 1914 warf Leutnant Hans von Prondzynski bei Dover die erste deutsche Bombe auf England ab. Über die leicht abschießbaren Feldluftschiffe, die bald nur noch zu Aufklärungszwecken eingesetzt wurden, ging die Zeit allmählich hinweg. Das Flugzeug trat an seine Stelle. Doch auch dieses wurde zunächst für die Auskundschaftung der feindlichen Truppenbewegungen eingesetzt. Es löste damit die Kavallerie als Fernaufklärungsmittel ab. Ende Oktober 1914 kam es dann zu den ersten Feindseligkeiten in der Luft. Man beschoss sich mit Pistolen und Leuchtspurmunition. Vereinzelt wurden auch Granaten – per Hand – vom Piloten auf die Soldaten im Feld abgeworfen.

In einem rasanten Tempo errichteten alle kriegsteilnehmenden Staaten fortan ihre Fliegertruppen, die dem Heer oder der Marine angegliedert waren. Im gleichen Tempo schritt die technische Entwicklung voran. Schnelle, wendige Flugzeuge wurden gebaut, wie auf französischer Seite der Parasol-Einsitzer, dem bald die deutsche Fokker folgte. Im Frühjahr tauchte am Himmel über Flandern eine Morane-Saulnier auf, die mit einem Maschinengewehr durch den Luftschraubenkreis schoss. Die revolutionäre Erfindung, über die bald alle am Krieg beteiligten Fliegertruppen verfügten, markierte den Beginn des modernen Jagdflugzeugs.

Die Hauptaufgabe der Fliegertruppe lag jedoch zunächst in der Feindaufklärung und in der Unterstützung des Erdkampfs. Dies begann sich allmählich zu ändern, als im Sommer 1916 an der Somme die ersten beiden deutschen Jagdstaffeln (Jastas) aufgestellt wurden. Mit fortschreitender Zeit erlangte der Luftkampf dann eine immer größere Bedeutung. Er machte aus den Piloten die „Ritter der Lüfte", die in der Bevölkerung über ein großes Prestige verfügten. Namen wie Max Immelmann oder Oswald Boelcke waren schon im Ersten Weltkrieg populär. Einen Freiherr von Richthofen kannte jedes Kind. Der junge Kavallerieoffizier aus einer alten preußischen Militärfamilie meldete sich 1915 zur Fliegertruppe. Der „Rote Baron", so genannt nach seinem rot angestrichenen Fokker-Dreidecker, wurde zur Legende. 80 bestätigte Abschüsse wurden Manfred von Richthofen zugeschrieben. Der Kaiser verlieh ihm den Pour le Mérite. Als Richthofen am 21. April 1918 nahe der Somme von einem britischen Flieger abgeschossen wurde, erwies ihm sogar der Feind die letzte Ehre. Viel ist von der Ritterlichkeit der Flieger im Ersten Weltkrieg die Rede gewesen. Vieles wurde dabei verklärt. Tatsächlich wurde der Luftkrieg, besonders in den letzten beiden Kriegsjahren, aber mit der gleichen erbitterten Härte geführt wie der Krieg zu Lande.

Die Luftherrschaft wechselte und hing vor allem von der Weiterentwicklung der Flugzeuge ab. Schon rasch hatte Deutschland die anfängliche britische und französische Überlegenheit ausgeglichen, verlor sie dann aber wieder. Mit den Albatros-Jagdflugzeugen der zweiten und dritten Generation holten sich die Deutschen die Luftherrschaft im Frühjahr 1917 wieder zurück. Das änderte sich mit dem Eintreffen der amerikanischen Flieger auf dem europäischen Kriegsschauplatz.

Auch wenn es zu vereinzelten Luftangriffen wie dem verlustreichen gegen die Zivilbevölkerung des badischen Freiburg gekommen ist, war ein strategischer Bomberkrieg aufgrund der geringen Traglasten der Flugzeuge noch nicht möglich. Neben dem Luftkampf wurden die Maschinen vor allem zur Unterstützung der Bodentruppen eingesetzt – ein Einsatzprinzip, das sich in der Luftwaffenführung des Dritten Reichs fortsetzte und, anders als bei Briten und Amerikanern, den Aufbau von strategischen Bomberflotten verhinderte.

Bei der Produktion von Flugzeugen herrschte im Ersten Weltkrieg zwischen den Gegnern ein beträchtliches Ungleichgewicht. Während Deutschland mehr als 47 000 Flugzeuge produzierte, waren es in Frankreich und Großbritannien jeweils mehr als 50 000 – in den Vereinigten Staaten knapp 14 000. Doch eine kriegsentscheidende Bedeutung brachte dieser Vorsprung nicht.

Fokker D. VI. Die Maschinen konkurrierten mit denen der Albatros-Flugzeugwerke

Fokker Dr. I. Der Dreidecker war extrem wendig und eignete sich daher besonders gut für den Luftkampf

Mahnung. Heinrich Rümmelein rät seinem Sohn, die Fliegerei zu meiden und auf dem Boden zu bleiben

Begeisterung. Fritz besucht öfters die Feldflieger, deren Offiziere zur Elite des kaiserlichen Heeres gehören

Flugapparat. Ein „Ritter der Lüfte" lässt sich vor einer Albatros fotografieren

Flugvorbereitung. Warme Kleidung ist für den Flieger lebensnotwendig

Startbereitschaft. Fritz sitzt hinten, vorne der Rittmeister

Himmelsstürmer. Fritz fotografiert auch während des Flugs

JANUAR 1917 – OKTOBER 1917

Seine Eltern, deren drei ältere Söhne jetzt im Feld stehen, sieht Fritz im Oktober 1917 wieder, als er abermals Fronturlaub in Hanau und in Zwiesel macht. Die sind glücklich, ihren Fritz gesund in die Arme schließen zu können. Entsprechend schmerzlich ist es dann, als der 22-Jährige wieder ins Feld muss. „Mit dankbarem Herzen nimmt man Abschied von der Heimat und gondelt hinaus ins Ungewisse. Hinaus ins Feld, in den rauhen Krieg", schreibt er in ein Oktavheft, das er fortan wieder als Tagebüchlein benutzt.

Während seines Heimaturlaubs wird seine Einheit verlegt. Wohin, weiß Fritz, der von seinem Offiziersburschen Bald begleitet wird, nicht. Er glaubt, nach Flandern, wohin sich der Schwerpunkt des Krieges im Westen zunehmend verlagert. Doch in Charleville, wo sie übernachten, erfährt er, dass seine Kameraden bei Laon liegen. Nach einer Nacht im Hotel Commerce in einem Zimmer mit Dampfheizung geht es am 26. Oktober mit der Eisenbahn und zuletzt per Lastwagen über Lille, Hirson, Presles-et-Thierny und Nouvion-le-Vineux nach Laval-en-Laonnois. In dem Dorf fragen sie sich durch und gelangen schließlich durch einen größeren Wald nach Mailly, einem Schloss,

Charleville-Mézières. Die Stadt ist ein für die deutsche Kriegsführung wichtiger Eisenbahnknotenpunkt und zeitweise Sitz des Großen Hauptquartiers

Giftgas

„Riechpäckchen". Der Mundschutz sollte die deutschen Infanteristen vor Giftgas schützen

Gasschutzhauben. Nach den ersten Angriffen mit chemischen Kampfstoffen im Jahre 1915 wurden die englischen Infanteristen damit ausgerüstet

Mit dem Gaskrieg erreichte der Erste Weltkrieg eine neue Dimension, denn dieser richtete sich nicht mehr direkt, sondern indirekt gegen den Feind. Er nahm den Soldaten während des Kampfes die Luft zum Atmen und schaltete sie so aus. Als wäre der zunehmend industrialisierte Krieg nicht schon grausam genug gewesen, wurde mit dem Gas eine neue Eskalation des Schreckens Wirklichkeit. Der Erste Weltkrieg wurde endgültig zur Hölle auf Erden.

Die Haager Landkriegsordnung von 1907 hatte zwar den Einsatz von Gift an Stichwaffen sowie die Verseuchung von Wasser und Boden geächtet. Die Idee, reizende oder giftige Gase in Granaten zu verschießen oder zu verblasen, lag damals noch außerhalb des Vorstellbaren und fand daher noch kein Eingang in das Dokument. Schon im August 1914 verschossen die Franzosen ein Tränengas aus Bromessigsäureethylester, das jedoch kaum Wirkung zeigte. Die Deutschen taten es dem Feind mit dem gleichen Ergebnis nach. Infolgedessen verlegte sich die Oberste Heeresleitung auf die Entwicklung von Giftgas. Mit der Leitung des Forschungsprogramms wurde Fritz Haber beauftragt. Der Chemieprofessor und spätere Nobelpreisträger sah in seiner Arbeit für den Sieg des Reiches eine „patriotische Berufung".

Im Morgengrauen des 22. April 1915 im Zuge der zweiten Flandernschlacht war es dann so weit. Vor Ypern wurden innerhalb von fünf Minuten 150 Tonnen Giftgas gegen die französischen Stellungen geschossen, in denen vor allem algerische und marokkanische Kolonialtruppen lagen. Sie wurden von der Giftwolke aus Chlorgas und Phosgen, im Jargon „Grünkreuz" genannt, völlig überrascht. Die Wirkung – nicht zuletzt die psychologische – war fürchterlich. Ihr Widerstand brach rasch zusammen. Obwohl sie noch nicht mit Masken ausgerüstet waren und nicht sofort nachstoßen konnten, gelang es den deutschen Truppen, die französische Front in dem Abschnitt zu durchbrechen.

In der Heimat feierte man derweil den ersten Einsatz von Giftgas als „Tag von Ypern". Haber wurde zum Hauptmann der Reserve ernannt und fuhr persönlich an die Front, um sich vom Erfolg der Anwendung zu überzeugen. Seine Frau hingegen, die Chemikerin und Pazifistin Clara Immerwahr, die vergeblich gegen das Engagement ihres Mannes bei der Entwicklung von chemischen Kampfstoffen eintrat, nahm sich aus Verzweiflung das Leben.

Rasch gingen auch die Alliierten zum Einsatz von Giftgas über, und ebenso rasch waren die Armeen beider Seiten mit Atemmasken ausgerüstet. Doch die psychologische Wirkung und Heimtücke des Giftgases blieben bestehen. Der Schriftsteller Erich Maria Remarque, selbst Soldat im Weltkrieg, schreibt darüber: „Ein überraschender Gasangriff rafft viele weg. Sie sind nicht dazu gelangt, zu ahnen, was ihrer wartete. Einen Unterstand voll finden wir mit blauen Köpfen und schwarzen Lippen. In einem Trichter haben sie die Masken zu früh losgemacht; sie wussten nicht, dass sich das Gas auf dem Grunde am längsten hält; als sie andere ohne Maske oben sahen, rissen sie sie auch ab und schluckten noch genug, um sich die Lungen zu verbrennen. Ihr Zustand ist hoffnungslos, sie würgen sich mit Blutstürzen und Erstickungsanfällen zu Tode."

Zwischen Sommer 1915 und dem Waffenstillstand im November 1918 sollen an die 17 Millionen Giftgasgranaten verschossen worden sein, die meisten von ihnen an der Westfront, aber auch im Osten und in den Alpen. Bei Caporetto wurde im Oktober 1917 erstmals das „Buntschießen" angewandt. Dabei wurden zuerst Reizgase der „Clark-Gruppe", auch „Blaukreuz" genannt, verschossen, die durch die Gasmasken in den Rachenraum drangen. Die Soldaten unter ihren engen Atemschützern erlitten Husten- und Brechanfälle, rissen sich die Masken vom Gesicht. Doch nun atmeten sie das eigentlich tödliche Lungengas – Grünkreuz – ein, das unmittelbar nach dem Blaukreuz verschossen wurde. Die Soldaten starben qualvoll.

Die teuflische Kombination beider Kampfstoffe erhielt den Namen „Buntkreuz". Zur selben Zeit wurde, abermals in Flandern, unter dem Namen „Gelbkreuz" erstmals Senfgas eingesetzt. Es war zwar in der Regel nicht tödlich, sorgte aber für furchtbare Hautverätzungen und führte oft zur Erblindung.

Insgesamt 90 000 Mann fielen im Ersten Weltkrieg Kampfgasen zum Opfer. Etwa eine Million weitere Soldaten wurden dadurch dauerhaft oder vorübergehend geschädigt. Der wohl bekannteste von ihnen war der aus Österreich stammende Gefreite Hitler, der in Flandern nach einem englischen Gasangriff vorübergehend sein Augenlicht verlor.

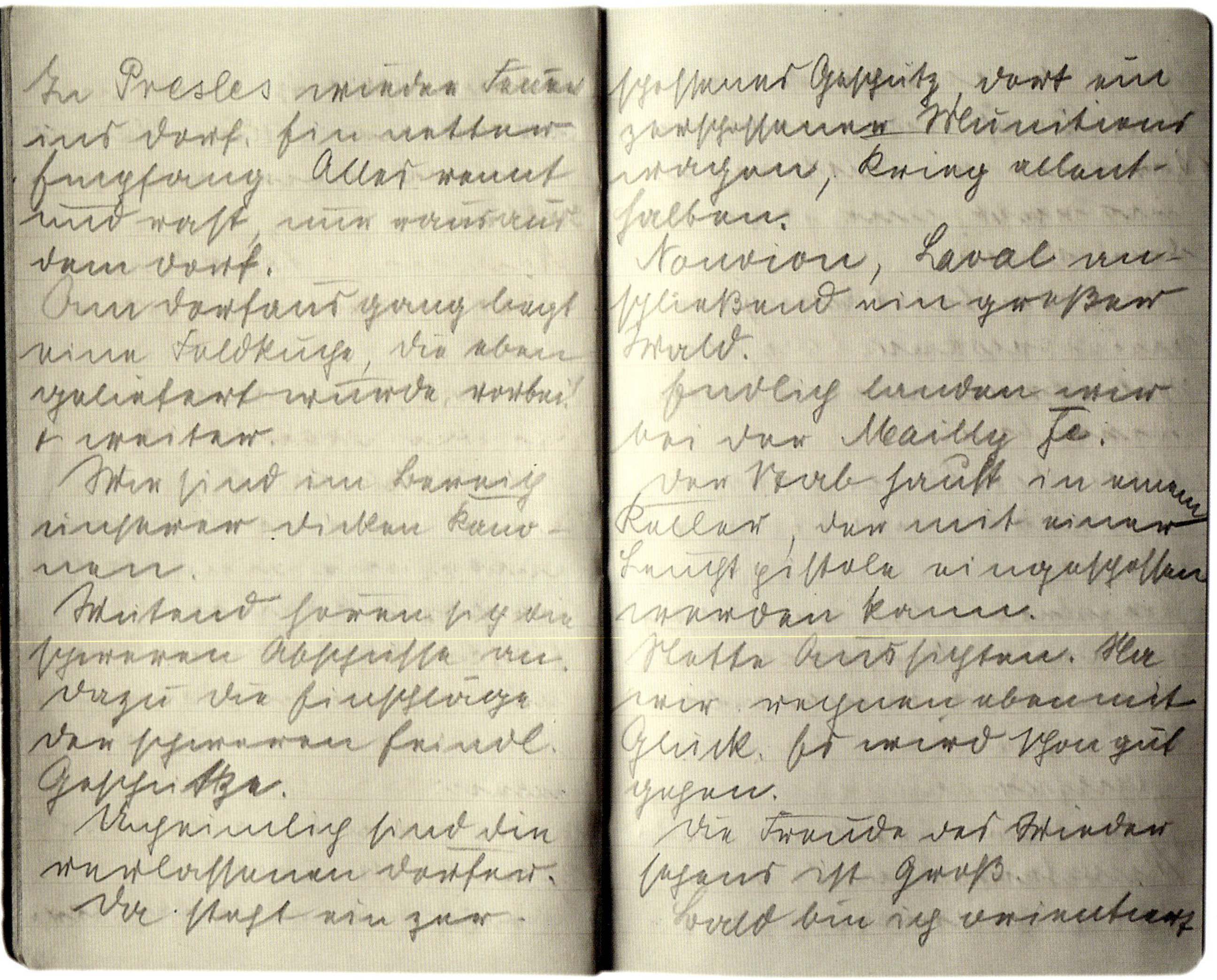

Tagebucheintragungen. Fritz schreibt über seine Rückkehr zur Truppe und das Wiedersehen mit den Kameraden

in dessen Keller der Bataillonsgefechtsstand untergebracht ist. Fritz hält darüber fest: „Die Freude des Wiedersehens ist groß. Bald bin ich orientiert über den Einsatz des Bataillons. Dann wird vom Urlaub erzählt. Erinnerung, wie bist du schön. Die erste Nacht geht gut vorüber. (...) Am Vormittag (...) gehe ich mit Herrn Hauptmann zu den Kompanien in die Siegfriedstellung, die erst ausgehoben wird. Unsere braven Kompanien fanden nur eine knietiefe Trasse vor, das andere müssen wir halt bauen! (...) Um 3 Uhr kommen wir heim. Unterwegs kriegen wir Feuer und dicke Brocken, wir hatten Dusel. Es passierte nichts. Die Kanonen sind feste bei der Arbeit von beiden Seiten. (...) Luftbetrieb kolossal. Zeitweise kann man 30 deutsche Flugzeuge zählen. (...) So geht der erste Tag schnell rum. In der Nacht liegt viel Feuer in der Gegend, wir bleiben verschont." Und so ist es auch in den letzten Tagen des Oktobers 1917.

Spezial-Fernrohr. Das Gerät ermöglicht es den Kämpfern, aus dem Graben zu schauen, ohne dabei ihr Leben zu riskieren

Tankschlacht. Fritz erlebt bei Bourlon in der Nähe Cambrais den ersten großen Panzerangriff der Kriegsgeschichte. Doch die Kampfmaschinen, hier ein britischer Mark IV, sind verwundbar

„Sie sehen gefährlich aus, die stählernen Ungeheuer"

NOVEMBER 1917 – JUNI 1918

KAPITEL V

Der Adjutant führt in der Großen Schlacht um Frankreich das Bataillon

Anfang November 1917 wird das Bataillon in den Ruheraum nach Laon zurückverlegt. Doch mit der Ruhe ist es nicht weit her. Die Männer werden zu Schanzarbeiten vor den Toren der Stadt herangezogen. Dennoch sei die Stimmung nicht schlecht, notiert Fritz. Dann die Nachricht, die wie eine Bombe einschlägt: Das Bataillon soll nach Flandern verlegt werden. „Flandern. Also doch! Na dann los. Ein neuer Gegner. Was andere können, können wir auch. Freilich werden viele, die heute noch gesund und richtig sich ihres jungen Lebens freuen, dann bald ausgelebt haben", schreibt Fritz und merkt noch an, dass es doch sein müsse. „Das weiß jeder, selbst der jüngste Rekrut. Und wie's bestimmt ist, so kommt's." Fritz ist inzwischen Fatalist geworden. Der Allmächtige wird es schon weiterhin gut mit ihm meinen, sagt er sich. Und von der Notwendigkeit dieses Krieges ist er ohnehin überzeugt.

Doch in diesem beginnenden vierten Kriegsjahr sind die deutschen Kräfte längst erschöpft. In den Aufzeichnungen von Fritz spiegelt sich dies wider, wenn er über die Verlegung nach Norden schreibt. Zunächst steht nicht fest, wo die Truppen auf die Bahn verladen werden sollen. Erst in Sains, dann in Guise. Das Abmarschdatum verschiebt sich ständig. Das Transportwesen scheint hoffnungslos überfordert.

Am 19. November 1917 geht es schließlich los. Langsam bewegt sich der Zug nach Norden. Der Wechsel der Landschaft zwischen Frankreich und Vlamland sei interessant, notiert Fritz in sein Heftchen. Im flandrischen Gaver bei Gent werden sie ausgeladen. Es folgt ein anstrengender Marsch in einen Ort namens Waregem, wo sie mitten in der Nacht ankommen und Quartier beziehen. Am drauffolgenden Morgen treten sie zum Appell an. Der Bataillonskommandeur fordert die Männer auf, nunmehr alles zu geben. Und er fügt noch hinzu: „Ihr kriegt endlich den Gegner vor die Klinge, der an allem die meiste Schuld hat." Bataillonskommandeur von Wenckstern meint damit die Engländer, die dem Reich ja wegen des Durchmarschs durch Belgien den Krieg erklärt haben.

Eisenbahnverladung. Das Regenwetter ist schon wie in Flandern, als das Bataillon von Fritz nach dorthin aufbricht

Marschszene I. Das Pferdefuhrwerk ist neben der Eisenbahn immer noch das wichtigste Transportmittel der Truppe

Marschszene II. Wenn nichts mehr geht, müssen die Infanteristen mit anpacken, um das Fuhrwerk wieder flottzukriegen

Marschszene III. Bei schlechtem Wetter und verschlammten Wegen kommen die Soldaten nur langsam voran

Marschszene IV. Bei Achsbrüchen an den Fuhrwerken kommt es mitunter zu langen Zwangspausen

Dritte Flandernschlacht

Selten hat sich Geschichte so oft wiederholt wie im Ersten Weltkrieg. Die Soldaten im Westen, sofern sie überlebten, kehrten immer wieder zu ihren Schlachtfeldern zurück. Im Frühjahr 1917 waren dies der Pas-de-Calais und die Champagne gewesen. Im Sommer wurde es Flandern. Dort hatten sich Deutsche einerseits und Franzosen und Briten andererseits im Herbst 1914 den „Wettlauf zum Meer" geliefert, um sich schließlich einzugraben und im bitteren Stellungskrieg zu verharren.

Hier wollte Marschall Douglas Haig, der britische Oberbefehlshaber, mit seinen Commonwealth-Truppen nun den Durchbruch erzwingen. Denn von Erfolgen war die britische Kriegsführung nicht verwöhnt. Die Großoffensive der Briten vor Gallipoli war gescheitert. Die Somme-Schlacht führte ebenfalls nicht zu einem nennenswerten Durchbruch. In Flandern wollte die britische Heeresführung nun ihr militärisches Meisterstück liefern.

Nach dem Vorspiel von Arras (April) und Messines (Mai/Juni) und einer Artillerievorbereitung aus mehr als 3 000 Geschützen gingen am 31. Juli 1917 zwei britische Armeen, unterstützt von französischen Verbänden auf breiter Front zum Angriff über. Das Ziel der Operation war es zunächst einmal, den Zugang zu den deutschen U-Boot-Häfen an der belgischen Küste abzuschneiden.

Den britischen Infanteristen gelang es aber nicht, die Frontlinie der 4. deutschen Armee, die alles in die Schlacht warf, was sie aufzubieten hatte, zu durchbrechen. Selbst die 22 Mark-IV-Panzer, der Stolz der britischen Rüstungsindustrie, kamen nur schwerfällig voran. Etliche blieben in den unzähligen Granattrichtern stecken, mit denen das Schlachtfeld übersät war. Auch um Langemarck wurde, wie schon 1914, heftig gerungen. Doch diesmal kämpften hier keine schlecht ausgebildeten Abiturienten und Studenten, sondern erfahrene, schlachterprobte Frontsoldaten.

Haig ließ nichts unversucht, um die Schlacht zu seinen Gunsten zu wenden. Sogar Befehlshaber wechselte er aus. Rücksicht auf seine Soldaten nahm er wenig. Unter schwersten Verlusten hatte er sie auf Poelkapelle im Nordosten von Ypern vorrücken lassen. Vor Passchendaele, einem Flecken ein paar Kilometer weiter östlich, wollte Haig nun mit Gewalt die Entscheidung erzwingen. Doch der Angriff der Kanadier, Australier und Neuseeländer auf Passchendaele Mitte Oktober geriet zu einem furchtbaren Gemetzel, das in seinen Ausmaßen nahezu dem an der Somme gleichkam.

Der erste Angriff auf das Dorf wurde im Blut der Angreifer ertränkt. Kurz darauf ließ der Feldmarschall seine Truppen zum zweiten Mal gegen Passchendaele anrennen. Die Deutschen unter General Sixt von Arnim – bald hieß er nur noch „Der Löwe von Flandern" – wehrten sich wiederum erbittert. Schließlich nahmen die Kanadier den kleinen flämischen Ort doch noch ein. Die traurige Bilanz: 16 000 Männer fielen, weit mehr wurden verwundet. In Großbritannien, Australien und Neuseeland, vor allem aber in Kanada ist Passchendaele bis heute ein Mythos für den Opfergang Abertausender junger Männer.

Nicht weit von Passchendaele kämpfte der junge Leutnant Ernst Jünger als Führer eines Spähtrupps. In seinen Erinnerungen schreibt er: „Da wir unsere Aufgabe als Späher mit Eifer betrieben, kamen wir oft an Orte, die eben noch unbeschreitbar gewesen waren. So taten wir einen Einblick in das Verborgene, das auf dem Schlachtfeld geschah. Überall stießen wir auf die Spuren des Todes; es war fast, als hause keine lebende Seele in dieser Wüste mehr. Hier lag hinter einer zerzausten Hecke eine Gruppe, die Körper noch von der frischen Erde bedeckt, die nach dem Einschlag auf sie heruntergerieselt war; dort waren zwei Meldeläufer neben einem Trichter, aus dem noch der stickige Dunst der Sprenggase schwelte, zu Boden gestreckt. An einer anderen Stelle fanden wir viele Leichen auf einer kleinen Fläche verstreut: ein in den Mittelpunkt eines Feuerwirbels geratener Trägertrupp oder ein verirrter Reservezug, der hier sein Ende gefunden hatte. Wir tauchten auf, umfassten die Geheimnisse dieser tödlichen Winkel mit einem Blick und verschwanden wieder im Rauch."

Am 10. November ließ Haig die dritte Flandernschlacht abbrechen, denn es war nicht gelungen, die Siegfriedlinie zu durchbrechen. Das letzte ganz große Blutvergießen an der Westfront war damit beendet. Eine halbe Million junger Männer, Deutsche und Briten, wurden verwundet, 80 000 starben auf den von Mohnblumen gesäumten Feldern der Weiten Flanderns, die so ungeheures Leid sahen.

Ypern. Die Stadt, die einem Trümmerfeld glich, wurde zum Sinnbild des Krieges in Flandern

Nach der Schlacht. Britische Soldaten führen einen deutschen Kriegsgefangenen ab

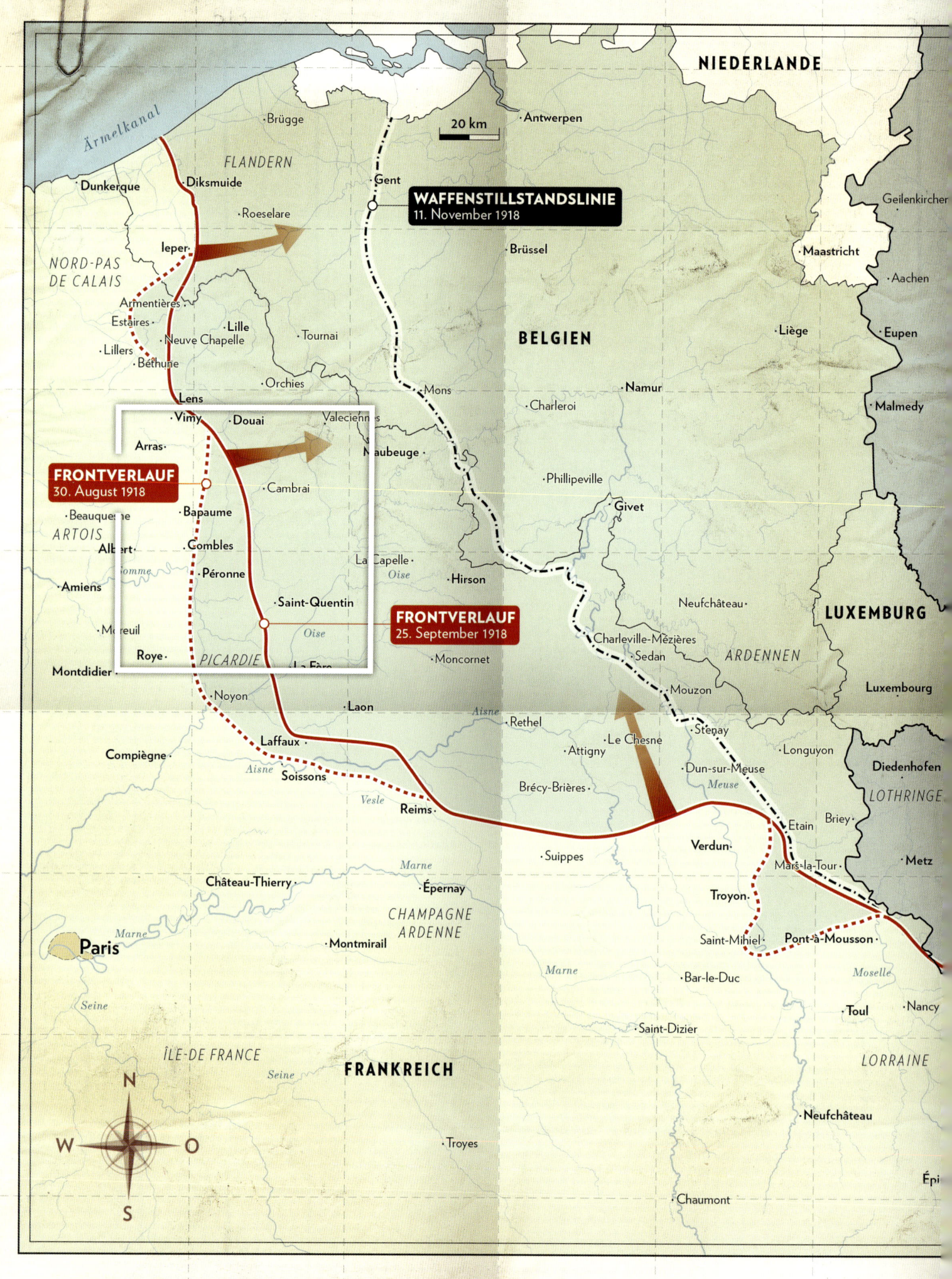

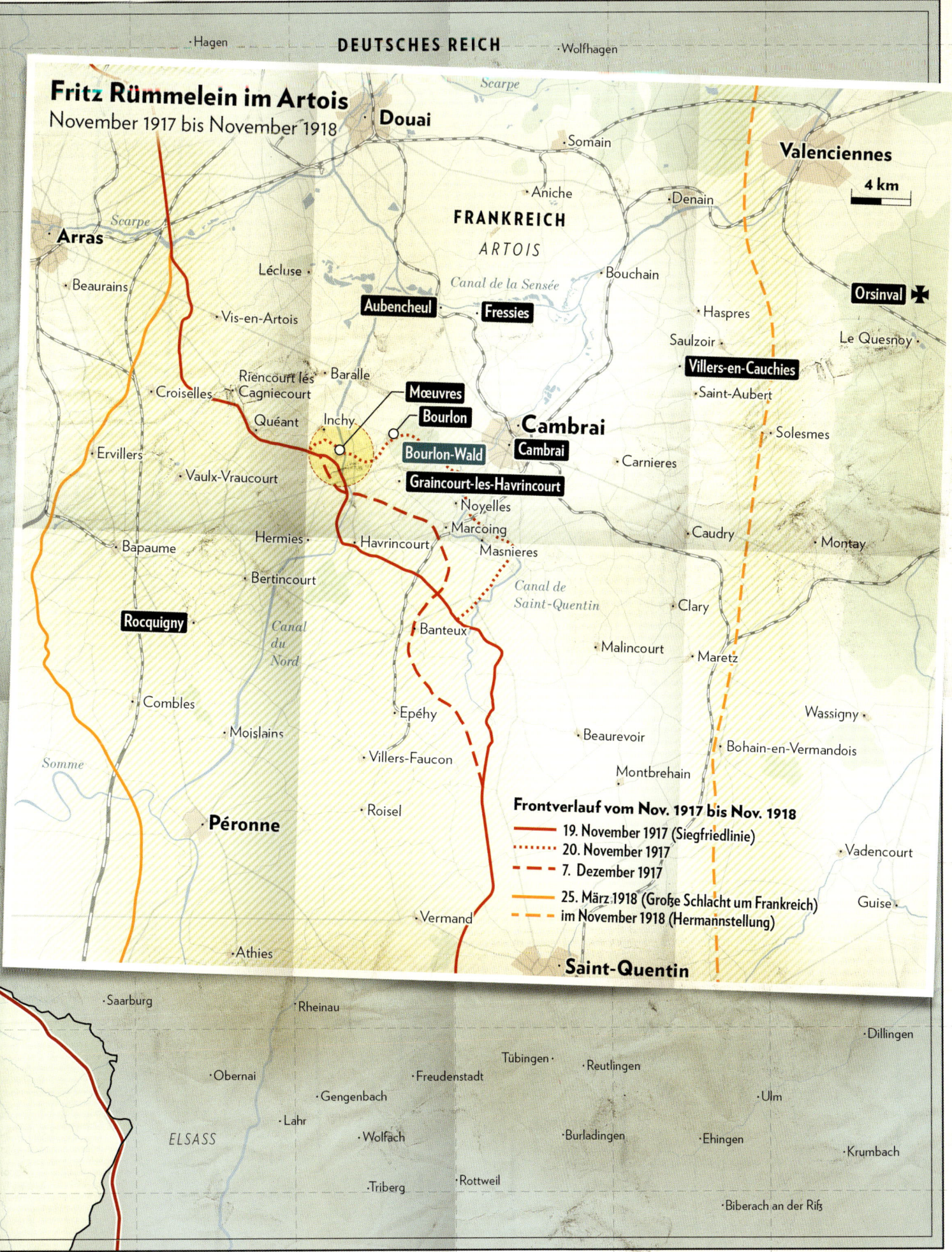

„Lückenstopfer". Es sind für die Männer des Bataillons nur noch ein paar Kilometer bis zu der Stelle, an der die Engländer durchgebrochen sind

Doch dann kommt wieder alles anders. Die aktuellen Ereignisse haben die dritte Oberste Heeresleitung dazu veranlasst, möglichst starke Kräfte im Artois zusammenzuziehen. Denn 100 Kilometer weiter südlich, bei Cambrai, dem strategisch wichtigen Eisenbahnknotenpunkt, hat der Feind die Panzeroffensive, die größte, die es bisher gegeben hat, begonnen. Von Wenckstern setzt Fritz ins Bild, und der notiert: „Bei Cambrai & Douai hatten die Engländer Erfolge. Sie sollen bis Douai gewesen sein. 10 km brt & 10 km tief durch. Das ist ja allerhand. 5 km sind sie zurückgeworfen. Na, da werden wir wohl wieder Lückenstopfer werden."

Überstürzt wird gepackt, und die Feldgrauen marschieren zum 25 Kilometer entfernten Verladepunkt Zottegem. In den Dörfern stehen Kinder an den Wegen und winken den Kämpfern zu. Nach allerlei Verzögerungen erreichen sie am Abend des 23. Novembers einen Vorort von St. Quentin, wo sie bereits das Grollen der Geschütze hören. Bald darauf sind sie an der Front. Bei Moeuvres lösen sie eine Einheit ab, die im erbitterten Abwehrkampf gegen die englische Panzeroffensive gestanden hat. Fritz notiert: „Links vom Kanal liegen seine zerschossenen Tanks, genau so wie man sie ab-

Schwachstelle. Der englische Tank Mark IV hat eine unzureichende seitliche Panzerung

Flammenwerfer. Deutsche Infanteristen greifen einen englischen Tank an, ohne ihm etwas anhaben zu können

Todesfalle. Einmal von einer Granate in der Flanke getroffen, gibt es für die englische Tankbesatzung keine Überlebenschance

Tankwaffe

Der Panzer war eine der ganz großen rüstungstechnischen Innovationen des Ersten Weltkriegs. Vorreiter bei seiner Entwicklung waren Franzosen und Briten. Winston Churchill, der nicht nur Erster Lord der Admiralität war, sondern auch das Amt des Munitions- und Marineministers innehatte, war es, der die Entwicklung des neuen Waffensystems vorantrieb. Aus Geheimhaltungsgründen wurde für die stählernen Ungetüme die Tarnbezeichnung „Tank" eingeführt, die auch während des Krieges zur allgemein gebräuchlichen Bezeichnung für den Panzer wurde.

Mit der Tanktechnologie sollte zwei Erfordernissen Genüge getan werden, die im Verlauf des Krieges neu aufgetreten waren. Die Panzerung sollte Artilleriebeschuss standhalten, die Raupenketten dazu dienen, sperrige Hindernisse zu überwinden und sich auch in unwegsamem, sumpfigem Gelände fortzubewegen. Auf diese Weise wollte man endlich nachhaltige Frontdurchbrüche erzielen und gleichzeitig große Distanzen überwinden.

Erstmals zum Einsatz gelangte der Tank im September 1916 im Verlauf der Schlacht an der Somme bei Baupaume. Es handelte sich um den Transportpanzer „Mark I", der jedoch noch viele technische Unzulänglichkeiten aufwies und dessen Nutzwert sich in Grenzen hielt. Nur ein Jahr später, im November 1917, kam im ersten mit Panzern geführten Großangriff der Geschichte bei Cambrai die Weiterentwicklung des „Mark I", der erste bedingt einsatzfähige Kampfpanzer „Mark IV", zum Einsatz. Von den 378 Fahrzeugen verlor das Royal Tank Corps am ersten Tag der Schlacht allerdings 178 Fahrzeuge, davon nur 65 durch Feindeinwirkung.

Der ständig weiterentwickelte britische Mark IV wog 28 Tonnen und war für die Zerstörung von feindlichen Grabensystemen bestens geeignet. Zudem verfügte er nicht nur über zwei 5,7-cm-Kanonen als Hauptwaffe, sondern auch über drei Maschinengewehre als Sekundärbewaffnung. Damit konnte er sowohl ausgebaute Stellungen als auch einzelne Infanteristen ideal unter Feuer nehmen. Mehr als 1200 Stück wurden von ihm gebaut.

Der französische Renault FT17-Panzer zeichnete sich durch eine starke 22-Millimeter-Panzerung aus, und dies bei einer geringen Masse von nur sieben Tonnen. Dadurch war er wendiger und schneller als der „Mark IV". Ausgeliefert wurde er entweder mit einer 3,7-Zentimeter-Kanone oder mit einem Maschinengewehr. Er brachte es auf 2700 Exemplare. Daneben verfügten die Franzosen über den schwereren Char d'Assaut („Angriffswagen") Schneider CA1, den die Rüstungsschmiede Schneider-Creusot fertigte. Er feuerte aus einer 7,5-Zentimeter-Kanone sowie aus zwei 8-Millimeter-Maschinengewehren und brachte fast 15 Tonnen auf die Waage. Von ihm wurden 400 Exemplare gefertigt.

Während in England insgesamt zehn, in Frankreich immerhin drei Panzertypen entwickelt wurden, schenkte die deutsche Oberste Heeresleitung der Tankwaffe vorerst keine große Beachtung. Die Generäle der alten Schule hielten sie für ein Fantasieprodukt ohne Zukunft. Als man sich eines anderen besann und endlich mit der industriellen Fertigung von Panzern begann, war es schon zu spät. Lediglich ein Typ, der von Daimler produzierte A7V, gelangte zur Serienfertigung.

Bei Cambrai kämpfte die deutsche Armee vorerst mit britischen Beutepanzern. Erst nach und nach kamen die ersten A7V an die Front. Am 30. April 1918 erhielt das 30 Tonnen schwere Ungetüm seine Feuertaufe. Dabei zeigte sich, dass die deutsche Entwicklung hoffnungslos hinterherhinkte. Häufige Motorschäden und seine Schwerfälligkeit im Gelände schmälerten seinen Kampfwert. Erschwert wurde sein Einsatz noch durch die prekäre Brennstofflage im Reich, die sich 1918 stetig verschlimmerte und auch von daher weiträumige Operationen so gut wie unmöglich machte.

Die Alliierten dagegen traten der letzten deutschen Offensive mit einer kontinuierlich weiterentwickelten Panzerwaffe entgegen. 800 Tanks auf Entente-Seite standen während der „Großen Schlacht um Frankreich" gerade einmal 20 deutschen gegenüber. Waren die ersten, vereinzelt angreifenden Tanks noch eine leichte Beute für deutschen Artilleristen gewesen, so rückten Angelsachsen und Franzosen jetzt in geschlossenen Verbänden vor und walzten alles nieder, was ihnen im Wege stand. Innerhalb kurzer Zeit wurden so tiefe Einbrüche in die deutschen Verteidigungslinien erzielt. Der Krieg, der 1914 noch mit vereinzelten Kavalleriegefechten begonnen hatte, wurde vier Jahre später durch die Tankwaffe mitentschieden.

A7V-Tank. Das kaiserliche Heer besaß nur sehr wenige dieser Tanks und war damit der Entente weit unterlegen

Schneider CA1-Tank. Die Franzosen bauten vor allem leichte und bewegliche Panzer

NOVEMBER 1917 – JUNI 1918

gebildet sah." Darüber hinaus vermerkt er noch in seinem Tagebuch, dass Richthofen hier sei, der „Rote Baron", des Kaiserreichs erfolgreichster Jagdflieger. Oben am Himmel liefern sie sich derweil atemberaubende Luftkämpfe, in deren Verlauf immer wieder Flugapparate brennend abstürzen.

Ende November 1917 ist Fritz mit dabei, als 13 deutsche Divisionen zum Gegenangriff antreten, um die Engländer zurückzuwerfen und die Delle in der Siegfriedstellung wieder zu begradigen. Er notiert über die letzten, nervenzermürbenden Stunden vor dem Sturmangriff: „Mit viel Vertrauen sehen wir der Sache entgegen. Herr Hauptmann und ich gehen nochmals durch alle Kompanien durch und setzen uns dann in die Sturmausgangsstellung. Minuten werden zu Stunden! Endlich um 9.50 beginnt die Vorbereitung. Dicke Minen rasseln rüber, der Tommy antwortet sofort mit allen Erzeugnissen, er weiß ja, um was es geht. Punkt 11.50 treten unsere braven Kompanien den Sturm an."

Luftkampf. Im Hintergrund brennt ein Aufklärungsballon, dessen Pilot sich mit dem Fallschirm rettet

Totalverlust. Infanteristen besichtigen ein abgeschossenes deutsches Flugzeug

Rechts von Fritz, etwas nördlich von Moeuvres, steht ein anderer junger Leutnant, der angespannt auf den Einsatzbefehl für seine Kompanie wartet. Es ist Ernst Jünger. Er beobachtet den Beginn des deutschen Angriffs und hält darüber in seinem Kriegstagebuch fest: „Die wuchtigen Feuerstöße der deutschen Artillerie verdichteten sich zwischen 11.45 und 11.50 zum Trommelfeuer. Der Bourlon-Wald, der wegen seiner starken Befestigungen nicht an der Stirnseite angegriffen, sondern ausgespart wurde, verschwand unter gelbgrünen Gaswolken. Um 11.50 sahen wir durch unsere Gläser Schützenlinien aus dem leeren Trichterfeld auftauchen..."

In diesen Schützenlinien sind die Männer des 3. Bataillons des 87. Reserve-Infanterie-Regiments. Fritz verfolgt ihr Vorrücken zusammen mit von Wenckstern vom Bataillonsgefechtsstand aus. Er schreibt, dass auf den feindlichen Stellungen viel Feuer läge, doch auch die „Tommys" aus allen Rohren schössen. Während Artilleriegranaten einschlagen, Maschinengewehre hämmern und Feldgraue mit Handgranaten gegen britische Tanks anrennen, toben am Himmel wieder erbitterte Luftkämpfe. „Ein

Jünger. Der Leutnant (l.), hier vor einem Stoßtrupp-Unternehmen, kämpft vor Cambrai Seite an Seite mit Fritz

Tommy stürzt brennend ab, bald darauf ein deutscher Albatros, Führer anscheinend mit Kopfschuss", mutmaßt Fritz. So geht es den ganzen Tag. Als über dem Artois der Abend heraufzieht, notiert er in sein Tagebüchlein, dass es blutig und anstrengend gewesen sei und die Kompanien „arg klein" geworden seien. Mit anderen Worten: Die Verluste sind verheerend.

Ernst Jünger, der immer noch auf seinen Einsatzbefehl wartet, kommt an diesem Abend durch menschenüberfüllte Gräben zu einem Gefechtsstand. Er hält darüber fest: „Ich traf ein und traf einen Haufen von Offizieren und Meldern inmitten einer Luft, aus der man Scheiben schneiden konnte. Dort erfuhr ich, dass der Angriff an dieser Stelle nicht viel erreicht hatte und am nächsten Morgen weiter vorangetrieben werden sollte. Die Stimmung im Raum hatte wenig zuversichtliches. Zwei Bataillonskommandeure begannen eine lange Verhandlung mit ihren Adjutanten. Ab und zu streuten Offiziere der Spezialwaffen einige Brocken von der Höhe ihrer Pritschen, die wie Hühner-

Krieg in Kunst und Literatur

Otto Dix. Die Grafik „Sturmtrupp geht unter Gas vor" entstand im Jahr 1922

Erstausgabe. Der Autor kämpfte als Leutnant im Ersten Weltkrieg und wurde mehrmals verwundet

Der Erste Weltkrieg war der erste totale Krieg. Er mobilisierte nicht nur Massenheere, sondern auch Industrien und Ressourcen. Die Völker scharten sich fast geschlossen hinter ihre Regierungen. Das galt für die „Augustbegeisterung" bei Bekanntgabe der Mobilmachung 1914, die rasch vor allem die deutsche Intelligenz erfasste. Spielten noch im Krieg von 1870/71 gegen Frankreich die staatliche Propaganda und die öffentlichen Auftritte von Schriftstellern, Künstlern und Wissenschaftlern kaum eine Rolle, so war dies 1914 – 1918 anders: Der Fortschritt in Bildung und Kommunikation führte dazu, dass gleich zu Kriegsbeginn eine Debatte über den gerechten Krieg entfacht wurde. Im September 1914 erschien das „Manifest der 93", ein Aufruf deutscher Autoren und Künstler, um Deutschland vom britischen Vorwurf der Kriegsschuld freizusprechen. Und am 14. Oktober 1914 unterzeichneten 3000 Professoren eine patriotische Erklärung. Eine Woche später druckte die „New York Times" eine britische Entgegnung unter dem Titel „Reply to the German Professors by British Scholars". Darin betonte man insbesondere den Gegensatz zwischen der angloamerikanischen „Friedensliebe" und deutscher „Kriegstreiberei". Die vielfältigen Aktivitäten deutscher Publizisten bei Kriegsausbruch wurden als „Ideen von 1914" bezeichnet, in bewusstem Gegensatz zu den seit der Französischen Revolution von 1789 für gültig erachteten Werten wie individuelle Freiheit, rechtliche Gleichheit und Solidarität der Völker. Diese Prinzipien verschleierten nur die wahren Interessen imperialistischer Mächte wie Frankreich und England, die sich unter dem Deckmantel universaler Werte die Welt und ihre Ressourcen aufgeteilt hätten, postulierten die Vertreter der „Ideen von 1914".
Unter den großen Schriftstellern Deutschlands traten vor allem Thomas Mann und Gerhard Hauptmann enthusiastisch für Deutschland ein. Thomas Mann begrüßte, anders als sein Bruder Heinrich, den Krieg als Chance zur „Versittlichung" des Volkes. In seinen 1914 verfassten „Gedanken im Kriege" und noch einmal in den „Betrachtungen eines Unpolitischen" äußerte er u. a. die Hoffnung, der Krieg könne das Ende des „undeutschen Kapitalismus" bringen. Im Krieg erfülle Deutschland eine historische Mission, es stehe für den Sieg der „Kultur der Innerlichkeit" über die „Zivilisation", für „Gemeinschaft" statt „Gesellschaft", für Gefühl, Haltung und Stil gegenüber Vernunft, Skepsis und Auflösung. Nach der Niederlage wandelte Thomas Mann sich zum „Vernunftrepublikaner". Nur wenige Intellektuelle waren von Anfang an gegen den Krieg, darunter der Schriftsteller Kurt Tucholsky, der Publizist und Satiriker Karl Kraus, der österreichische Dramatiker Arthur Schnitzler und die Schriftstellerin Ricarda Huch. Der britische Philosoph Bertrand Russell wurde sogar wegen seines Pazifismus eingesperrt.

Im August 1914 meldeten sich Tausende deutscher Intellektueller freiwillig an die Front. Der Maler August Macke fiel bereits 1914 an der Westfront, Franz Marc, der Gründer des expressionistischen „Blauen Reiters", starb 1916 bei Verdun. Der Kriegsfreiwillige Ernst Jünger wurde sieben Mal verwundet und erhielt zahlreiche Auszeichnungen, zuletzt den höchsten preußischen Tapferkeitsorden Pour le Mérite. Mit „In Stahlgewittern" schrieb er eine der berühmtesten Darstellungen des Ersten Weltkriegs überhaupt. Erich Maria Remarques Kriegsbegeisterung dagegen wandelte sich nach einer schweren Verwundung 1917 an der Westfront in tiefen Zweifel am Sinn des Krieges. Sein Roman „Im Westen nichts Neues" gilt bis heute neben Henri Barbusses „Das Feuer" als das Antikriegsbuch schlechthin. Eine ähnliche Wandlung wie Remarque durchliefen die Künstler Otto Dix und Käthe Kollwitz. Die expressionistische Künstlerin wurde nach dem Tod ihres Sohnes Peter zur überzeugten Pazifistin. In ihren Zeichnungen und Skulpturen stellte sie immer wieder die Trauer der Mütter um ihre gefallenen Söhne dar. Eine Replik ihrer berühmten Pietà steht heute in der Gedenkstätte „Neue Wache" in Berlin. Gleich nach Kriegsende setzte in Deutschland die Auseinandersetzung über Sinn und Unsinn des Krieges ein. In der bildenden Kunst und in der Literatur fand sie ihren wirkungsvollsten Ausdruck. Max Beckmann, vor allem aber Otto Dix und George Grosz malten das Grauen und setzten das Leiden der Traumatisierten und Kriegskrüppel ins Bild. Antikriegsbücher von Leonhard Frank, Fritz von Unruh und Franz Werfel erschienen, und Karl Kraus veröffentlichte seine grandiose Bühnensatire „Die letzten Tage der Menschheit". Auch Brechts 1922 uraufgeführtes Heimkehrerstück „Trommeln in der Nacht" traf den Nerv jener Zeit.

NOVEMBER 1917 – JUNI 1918

körbe bevölkert waren, in die Unterhaltung ein. Der Zigarrenqualm wurde erstickend. Burschen versuchten in dem Gedränge, für ihre Herren Brote zu schneiden, ein hereinstürzender Verwundeter rief durch die Meldung eines feindlichen Handgranatenangriffs Alarm hervor. Schließlich konnte ich meinen Angriffsbefehl niederschreiben. Ich sollte mit der Kompanie um sechs Uhr morgens (...) so weit wie möglich die Siegfriedlinie aufrollen. Die beiden Bataillone des Stellungsregiments würden um sieben Uhr rechts von uns angreifen."

In den darauffolgenden Tagen werden die Briten – unter großen Menschenopfern – hinter die Siegfriedlinie zurückgedrängt. Die deutsche Verteidigungsfront steht wieder und ist weiter südlich sogar um ein paar Kilometer nach Westen vorgeschoben worden. Am 7. Dezember kommt dann endlich der Befehl, dass Fritzens Einheit in den Ruheraum nach dem Ort Fressies nördlich von Cambrai verlegen soll. Beim nahe gelegenen Schloss von Aubencheul sind kurz darauf die Reste des 3. Bataillons zum großen Regimentsappell angetreten. „Pfarrer Weidt spricht sehr ergreifend und gedenkt besonders der braven Toten. Anschließend ergreift Herr Oberst das Wort, lobt und dankt dem Regiment. Kaiserhymne mit Paradmarsch folgen nach der Ordensverteilung."

Fritz geht leer aus. Doch nicht nur das: Es ist zu einer schweren Auseinandersetzung zwischen dem Haudegen von Wenckstern und dem Regimentskommandeur gekommen. Um was es im Einzelnen geht, ist nicht mehr zu klären. Aber es steht im Zusammenhang mit dem ersten Tag des Kampfes um die Siegfriedlinie bei Moeuvres. Die Folge davon ist: Der Bataillonskommandeur meldet sich krank. Fritz, dem nun droht, dass er seinen privilegierten Adjutantenposten verliert, schreibt: „Für mich ist's furchtbar! Nach einer so langen und innigen Zusammenarbeit ein so jähes Ende!" Als sich beide Männer voneinander verabschieden, stehen ihnen die Tränen in den Augen.

Mitte Dezember 1917 bezieht das Bataillon, über das vorübergehend ein Oberleutnant Schwöbel das Kommando übernommen hat, wieder die Stellung. Auf dem Weg kommt Fritz noch einmal nach Bourlon, „dem großen Schlachtort". „Das Gelände ist besät mit Leichen, wieder auch viele von uns. Doch viele, viele Engländer. Ich mache mehrere Aufnahmen, besonders von den Tanks, von denen bei Bourlon 7 Stück auf einem Fleck liegen. Sie sehen ganz gefährlich aus, die stählernen Ungeheuer."

In Graincourt-lès-Havrincourt macht Fritz noch ein paar Bilder von dem „bös zerdepperten" Ort.

Auftritt. Bataillonskommandeur von Wenckstern (M.) ist ein Mann, der seinen ganz eigenen Kopf hat

Schlachtfeld I. Fritz Rümmelein notiert in sein Tagebuch, dass viele der Gefallenen „von uns" seien und die Kompanien „arg klein" geworden seien

Schlachtfeld II. Sieben abgeschossene englische Tanks liegen am Canal du Nord bei Bourlon nahe Cambrai

Kriegsende im Osten

Das Zarenreich war die instabilste Macht der Triple Entente. Das Regime erhoffte sich vom Krieg, von den innenpolitischen Problemen des Landes abzulenken. Denn das russische Gesellschaftssystem war noch stark feudalistisch geprägt. Der Reichtum der Aristokraten stand neben der schreienden Armut einer weitgehend rechtlosen Landbevölkerung. Opposition wurde durch Polizei und Geheimpolizei bereits im Keim erstickt.

Der sich verlängernde Weltkrieg, der Russland hoch verschuldete, verschärfte die innenpolitische Lage. Die Versorgungslage in der Bevölkerung war trotz Unterstützung durch den Westen katastrophal. Im Heer, über das der Zar 1915 das Oberkommando übernommen hatte, waren Ausbildung und Ausrüstung der Soldaten mangelhaft. Die Brussilow-Offensive im Sommer 1916 brachte keine dauerhafte Entlastung. Bildungsbürgertum, einfache Soldaten und Industriearbeiter wandten sich zusehends vom Zarenregime ab.

Panzerkreuzer „Aurora". Mit dem Schuss der Bugkanone im Hafen von St. Petersburg begann die Revolution in Russland

Im März (nach dem damals in Russland noch gültigen julianischen Kalender Februar) 1917 kam es zu Massenstreiks und Aufständen. Immer mehr Truppenteile liefen zu den Aufständischen über. Und die, die es nicht taten, weigerten sich oft, auf die Streikenden zu schießen. So nahm die Februarrevolution ihren Lauf.

Am 15. März wurde die Abdankung des Zaren verkündet, nachdem dieser zugunsten seines Bruders auf den Thron verzichtet hatte. Doch das Volk wollte keinen Zaren mehr. Am 21. März wurde Nikolaus II. verhaftet und bald darauf nach Sibirien verbannt, wo er und seine Familie später von den Bolschewiki ermordet wurden. Eine provisorische Regierung unter Fürst Lwow übernahm nun die Macht. Ihr gehörten vorwiegend Angehörige der „Konstitutionellen Demokraten" und der „Sozialen Revolutionäre" an. Ihr führender Kopf war Kriegsminister Alexander Kerenski, der am 1. Juli 1917 eine neue Offensive eröffnete. Abermals konnten die Österreicher den Russen, obwohl mangelhaft ausgerüstet, kaum standhalten. Erst als der deutsche Feldmarschall Prinz Leopold von Bayern mit seinen Truppen in den Kampf eingriff, fiel die Kerenski-Offensive in sich zusammen.

Alexander Michailowitsch Gerassimow. Sein Gemälde zeigt „Lenin auf der Rednertribüne"

Zur gleichen Zeit trat Lwow zurück, Kerenski wurde Ministerpräsident. Die von ihm geführten gemäßigten Sozialen Revolutionäre konnten sich aber immer weniger gegen die Bolschewiki durchsetzen – so nannte sich der stärkere radikale Flügel der Sozialdemokratischen Arbeiterpartei Russlands (SDAPR). Ihr Führer war Wladimir Iljitsch Lenin. Lenin, erst kurz zuvor aus dem Schweizer Exil nach St. Petersburg zurückgekehrt, im verplombten Zug und mit deutscher Hilfe. Denn die Reichsleitung in Berlin glaubte, durch seine Anwesenheit in Russland die dortige Lage weiter destabilisieren würde.

Den Bolschewiki, deren Ziel die revolutionäre Umgestaltung Russlands war, gingen die Reformen Kerenskis nicht weit genug. Auch wollten sie eine schnelle Beendigung des Krieges, waren doch die Leidtragenden desselben die Proletarier aller Länder, die es in der Weltrevolution zu vereinigen galt. Anfang Oktober 1917 wurde Kerenski gestürzt. Die Bolschewiki unter Lenin übernahmen die Macht. Sechs Wochen später wurde ein Waffenstillstand mit den Mittelmächten geschlossen. Die sich anschließenden Friedensverhandlungen fanden im weißrussischen Brest-Litowsk statt. Der Vertrag vom 3. März 1918 sah die Abtretung Finnlands, Weißrusslands, der Ukraine und Restpolens sowie der baltischen Staaten vor. Teils sollten diese Staaten unabhängig, teils den Territorien der Mittelmächte eingegliedert werden. Finnland, Litauen und die Ukraine sollten Herrscher aus deutschen Fürstenhäusern erhalten, die polnischen Gebiete zu einem Gesamtstaat zusammengefasst werden.

Für kurze Zeit wurde Deutschland so zur Vormacht Osteuropas. Das durch die britische Blockade ausgezehrte Land hatte nun Zugriff auf rumänisches Öl und ukrainisches Getreide. Da bereits am 9. Dezember 1917 ein Waffenstillstand mit Rumänien in Kraft getreten war, dem am 7. Mai der Friede von Bukarest folgte, hatte das Deutsche Reich außerdem den Rücken frei, um die Entscheidung im Westen zu suchen. Dies scheiterte. Doch schon mit dem Waffenstillstand von Compiègne im November 1918 wurde der Vertrag von Brest-Litowsk annulliert. Die Friedensverträge von 1919/20 und der russische Bürgerkrieg, in dessen Verlauf es zur Gründung der Sowjetunion kam, beendeten dann jäh den deutschen Traum von der Hegemonie im Osten. Die Revolution, der mit deutscher Hilfe in Russland zum Durchbruch verholfen worden war, kam nun von dort zurück.

NOVEMBER 1917 – JUNI 1918

Den Heiligen Abend erlebt Fritz vorne in der Stellung. Die Tätigkeit der Artillerie hält sich tagsüber in Grenzen. Gegen Abend kommt der Stab im Unterstand zusammen. Fritz hält darüber fest: „Wir stecken unser bescheidenes Bäumchen an & singen stille Nacht, heilige Nacht. In Gedanken sind wir daheim. Habe Gott, daß 18 in Frieden daheim gefeiert werden kann." Im Osten ist das Sterben durch den Waffenstillstand mit dem revolutionären Russland ja schon beendet. Als englische Gasgranaten einschlagen und Erblindete durch die Gräben taumeln, hat sie der Krieg wieder voll im Griff.

Heilige Nacht. In Gedanken sind Fritz und seine Kameraden vom Stab in der Heimat

Leichenschau. Am Feldrain liegt ein toter Soldat im Schnee

Trümmerwüste. Der Ort Graincourt ist völlig zerschossen worden

Der Heiligabend ist für Fritz auch noch aus einem anderen Grund ein schlechter Tag. Denn er hat erfahren, dass er fortan nicht mehr der Adjutant des Bataillonskommandeurs sein wird, sondern die 9. Kompanie übernehmen soll. Seine Befürchtungen haben sich also bewahrheitet. „Das hätt ich mir doch nicht träumen lassen. Am heiligen Abend seines Amtes enthoben, das man über 1 1/2 Jahre inne hatte."

Und auch die kommenden Tage bringen nichts Gutes: Am 28. Dezember inspiziert Fritz mit Oberleutnant Schwöbel die Stellungen. Von einem vorgeschobenen Posten aus beobachten sie den Feind. „Plötzlich ein Krach. Schwöbel bricht zusammen. Über meinen Kopf hinweg bekam er einen Schuss durchs Gesicht. Ich hatte Glück, der treue Herrgott hat mich beschützt. Hätt ich nicht im selben Augenblick auf die Karte gesehen, ich wäre tot. Ich verbinde Schwöbel gleich & bring ihn zum Sanitätsunterstand! Die Verletzung ist ziemlich übel", notiert Fritz.

Er muss nunmehr den Stab verlassen. Die Kameraden sollen geweint haben, als sich der Leutnant, der sich inzwischen sorgen muss, in die „Angelegenheit Wenckstern" hineingezogen zu werden, nach Abaucourt abmeldet. Auf dem Weg dorthin kommt er noch einmal über das Schlachtfeld von Bourlon. Inzwischen haben sie die Toten eingesammelt. Sie seien alle steif gefroren und verschneit, hält Fritz fest. In Abaucourt, wo er sich ein paar Tage erholen soll, eher er seinen neuen Posten als Kompaniechef antreten wird, begeht Fritz den Silvesterabend des Jahres 1917. Nach Gottesdienst und Konzert des Regimentsorchesters wird im dortigen Offizierskasino kräftig gezecht. Die Sorge um die Zukunft wird mit Alkohol ertränkt.

Rückzug. Soldaten des 87. Reserve-Infanterie-Regiments marschieren durch die verschneite Landschaft des Artois

Hindernis. Körperliche Ertüchtigung gehört in der Etappe zum Alltag

Abwechslung. Spiele sollen im Truppenlager Ablenkung bieten

Als Kompaniechef steht Fritz dann bald wieder in den Stellungen der Siegfriedlinie. Verantwortungsvoll führt er seine Männer durch die Winterkämpfe gegen die Briten. Doch dann nehmen die Dinge eine unerwartete Wendung: In einem Ehrengerichtsverfahren wird Hauptmann von Wenckstern rehabilitiert. Er übernimmt wieder die Führung des 3. Bataillons des 87. Reserve-Infanterie-Regiments. Zu seinen ersten Aktivitäten gehört es, Fritz wieder zu seinem Adjutanten zu machen.

Das eingespielte Team bereitet sich im Februar und in den ersten Märzwochen des Jahres 1918 auf eine neue Offensive vor, denn die Division, der sie angehören, soll bei der Großen Schlacht um Frankreich mit dabei sein. Nach dem Ende des Krieges gegen Russland will die dritte Oberste Heeresleitung mit den im Osten frei gewordenen Kräften die Entscheidung im Westen und damit die Voraussetzungen für einen akzeptablen Frieden erzwingen. Fritz schöpft noch einmal alle Zuversicht.

NOVEMBER 1917 – JUNI 1918

42 deutsche Divisionen, darunter auch die 21. Infanterie-Division, treten am 21. März 1918 zwischen Baupaume und St. Simon zum Großangriff an. Und es gelingt rasch, auf einer Breite von 80 Kilometern 65 Kilometer tief in die Front des Feindes einzubrechen. Am vierten Tag der Großen Schlacht um Frankreich – beim Angriff auf das „weiße Haus von Rocquigny", ein paar Kilometer südöstlich von Baupaume – wird von Wenckstern durch einen Granatsplitter am Unterschenkel schwer verwundet. Er übergibt daraufhin das Bataillon nicht einem erfahrenen Kompanieführer, sondern seinem Adjutanten. Um Einwände beiseitezuwischen, setzt der schwer Verwundete seinem Befehl hinzu, dass die Gefechtslage es erfordere, die Führung in den Händen Leutnant Rümmeleins zu lassen, bis der Sturm zu Ende gebracht ist – eine kühne Entscheidung, denn der ist gerade einmal 22 Jahre alt. Doch Fritz enttäuscht von Wenckstern nicht. Entschlossen kommandiert er die Truppe. Und als die Engländer einen Gegenangriff mit Tanks unternehmen, gelingt es ihm dank seiner beherzten Führung, diesen – wenn auch unter schweren Verlusten – abzuweisen. Fritz wird dabei verwundet. Eine Kugel hat seinen Oberschenkel durchschlagen. Doch die Sache ist bald wieder auskuriert. Fotografien, die offenbar mit seiner Kamera gemacht worden sind, zeigen ihn mit Zigarette im Mundwinkel in der Obhut von Sanitätern.

Verwundetentransport. Gleich zu Beginn der Großen Schlacht um Frankreich erleidet Fritz einen Oberschenkeldurchschuss

Große Schlacht um Frankreich

Am 21. März 1918 begannen mit der „Großen Schlacht um Frankreich" die letzten deutschen Offensiven. Nach 1916, dem bisher schwersten Kriegsjahr, schien sich 1917 durch die russische Revolution, den Sieg über Rumänien und das Scheitern der alliierten Offensiven im Westen das Blatt für Deutschland zu wenden. Allerdings waren im selben Jahr die Vereinigten Staaten aufseiten der Entente in den Krieg eingetreten. Man rechnete damit, dass 1918 die amerikanischen Truppen in voller Stärke auf dem europäischen Festland präsent sein und das große Völkerringen zuungunsten des Deutschen Reiches entscheiden würden.

Die Oberste Heeresleitung, die längst die faktische Macht im Deutschen Reich ausübte, sah sich deshalb unter Zugzwang. Die infolge des Friedens von Brest-Litowsk frei gewordenen Truppen sollten schnell an die Westfront verlegt werden. Mit ihnen wollten Hindenburg und Ludendorff einen schnellen militärischen Erfolg erkämpfen, auf dessen Grundlage ein Verständigungsfrieden mit den Westmächten erreicht werden sollte. Es ging also nicht mehr um Annexionen, wie sie einst im Septemberprogramm von 1914 und vor allem von den nationalistischen Alldeutschen lautstark gefordert worden waren, sondern nur noch um die Sicherung des Deutschen Reiches.

Bereits eine Woche nach der Ratifizierung des Brest-Litowsker Friedens traten 42 deutsche Divisionen zur Großoffensive an. Ziel war es, zwischen Baupaume und St. Simon einen Keil zwischen die feindlichen Armeen zu treiben und deren Front aufzurollen. Doch bereits nach sechs Tagen fuhr sich die Offensive nach einem Geländegewinn von gut 60 Kilometern vor Amiens fest. Die Verluste der „Operation Michael" beliefen sich auf 239 800 Tote und Verwundete auf deutscher Seite. Die Alliierten verloren insgesamt etwa 254 700 Mann.

Nun ließ Ludendorff seine Truppen in Flandern vorrücken. Die „Operation Georgette", in deren Verlauf besonders heftig um den Kemmelberg bei Ypern gerungen wurde, verlief zwar erfolgreicher als „Michael", wurde aber am 29. April auf Befehl Ludendorffs ebenfalls eingestellt. Er brauchte Soldaten für den entscheidenden Durchbruch, und der sollte, wie schon 1914, auf Paris zielen. So begann am 27. Mai die Operation „Blücher-Yorck". Dank der flexiblen Stoßtrupptaktik drangen die Deutschen in den ersten Tagen tatsächlich 30 Kilometer weit vor, nahmen 60 000 Franzosen gefangen und näherten sich Paris bis auf etwa 90 Kilometer. Damit lag die französische Metropole bereits in der Reichweite des sogenannten „Paris-Geschützes".

Parallel dazu griffen deutsche Einheiten an der Matz weiter nördlich an („Operation Gneisenau"), um Paris zu umfassen. Doch inzwischen trafen Monat für Monat Zigtausende amerikanische Soldaten auf dem französischen Kriegsschauplatz ein, sodass sich das Kräfteverhältnis zunehmend zuungunsten der deutschen Seite verschob.

Als auch noch deutsche Kriegsgefangene die Angriffspläne an die Franzosen verrieten, konnte General Charles Mangin den deutschen Vormarsch am 11. Juni bei Compiègne zurückschlagen. Gegen seine 150 Renault-Tanks waren die mangelhaft motorisierten deutschen Infanteristen chancenlos.

Am 15. Juli 1918 unternahm Ludendorff einen letzten Anlauf. Seine fünfte Offensive, „Operation Marneschutz-Reims", zielte auf die alte französische Krönungsstadt in der Champagne. Doch auch diesmal scheiterten die deutschen Angreifer an der französischen Gegenoffensive, die mit einer Vielzahl von Tanks vorgetragen wurde.

Bei Amiens traten die Alliierten schließlich ihrerseits am 8. August 1918 mit voller Wucht zu ihrer „Hunderttageoffensive" an. Allein an diesem Tag verloren die Deutschen 30 000 Mann. Er ging als „schwarzer Tag des Deutschen Heeres" in die Geschichte ein. Die Alliierten rückten nun zügig vor. Mit jedem Tag verschlechterte sich die Kampfmoral der deutschen Soldaten. Es kam zu Befehlsverweigerungen und Waffenniederlegungen. Die Offiziere waren mitunter nicht mehr Herr ihrer Mannschaften.

Schließlich lag die Hauptkampflinie wieder auf der Siegfriedstellung zwischen Cambrai im Artois und Soissons in der Champagne.

Am 27. September 1918 wurde sie in Flandern durchbrochen. Die gesamte Westfront drohte nun, zusammenzubrechen. Die OHL, eben noch überaus zuversichtlich, alarmierte die Regierung in Berlin und verlangte einen sofortigen Waffenstillstand. Zivilisten sollten nun angesichts des Scheiterns der bislang allmächtigen Militärs die Kastanien aus dem Feuer holen.

„Marsch! Marsch!" Mit der Großen Schlacht um Frankreich wandelte sich der Stellungskrieg zum Bewegungskrieg

Reichsverteidigung. Die Propaganda stellte den Krieg zunehmend als Kampf zum Schutze der deutschen Heimat dar

Erstversorgung. Fritz hat Glück gehabt, denn die Verletzung ist nicht schwer

Stolz. Fritz erhält für seine Verdienste bei der Großen Schlacht um Frankreich den königlichen Hausorden von Hohenzollern mit Schwertern

Nach einer knappen Woche hat sich die deutsche Großoffensive festgefahren. Entsprechend ist die Enttäuschung bei dem schnell genesenden Fritz über die Operation „Michael", deren Blutzoll in keinem Verhältnis zu ihrem strategischen Ergebnis steht. Auch er hat gehofft, dass diese letzte große Kraftanstrengung des Reiches zu einem ehrenhaften Frieden führen würde. An einen Sieg hat angesichts der materiellen Überlegenheit des Gegners ohnehin niemand mehr glauben wollen. Wie ein Trost wirkt es da auf ihn, als er für seine Verdienste bei der Erstürmung des weißen Hauses von Rocquigny den Hausorden von Hohenzollern erhält – oder wie es offiziell heißt: das Kreuz der Ritter des königlichen Hausordens von Hohenzollern mit Schwertern. Die Urkunde mit der Nummer 9743 trägt das Datum vom 3. Mai 1918.

Urkunde. Die Verleihung wird auf Anordnung von Wilhelm II. von der „Generalkommission in Angelegenheiten der Königlich Preußischen Orden" abgewickelt

NOVEMBER 1917 – JUNI 1918

Fritz ist stolz. Und auch in Zwiesel sind sie für einen Moment aus dem Häuschen, ehe sie die Schwere der Kriegszeit wieder eingeholt hat. Nach dem Hungerwinter 1916/17, dem „Steckrübenwinter", in dem Hunderttausende – besonders in den Großstädten – an Unterernährung und deren Folgen gestorben sind, hat der Hunger auch die Landbevölkerung erreicht. In Zwiesel kochen sie Sirup aus Rüben und brühen Kaffee aus Bucheckern und Eicheln. Bei der Ausgabe der rationierten Kartoffeln kommt es zu Tumulten. In der Stadtkirche haben sie unterdessen die Orgelpfeifen demontiert, um aus diesen Zünderringe für Granaten anzufertigen, und die Vorbereitungen zum Abbau der Kirchenglocken sind bereits getroffen.

Mutter Karolina schreibt in dieser Zeit an ihren liebsten Fritz: „Die Nahrungsmittelverhältnisse sind ja recht traurige u. das entmutigt neben anderen Sorgen das Volk. Ich für mich selber bin u. war ja nie unzufrieden, ich kann mich u. alles finden u. fügen. Ansprüche kenn ich nicht. Nur leide ich unter dem Bewußtsein fürchterlich, daß der schreckliche unselige Krieg kein Ende nimmt, daß die armen Menschen draußen so lange leiden u. gepeinigt werden u. warum? für was?"

In der ersten Junihälfte ist Fritz dann auf Heimaturlaub in Hanau und Zwiesel. Und von den ebenfalls im Felde stehenden Söhnen Eugen und Heinz weiß man im Elternhaus, dass auch sie wohlauf sind. Fritz hat sich mit einer jungen Frau angefreundet. Wahrscheinlich ist es eine Hanauerin, die ihn diesmal nach Zwiesel begleitet. Die schönen Tage vergehen wie im Flug. Fritz weiß, dass es an den Fronten noch schwerer werden wird. Lange spricht er mit dem protestantischen Pfarrer in Zwiesel, ehe er wieder in die Welt von Tod und Vernichtung hinauszieht.

Heimaturlaub. Fritz, hier mit Cousine Luise (r.) und Freundin im Garten des elterlichen Hauses, genießt die Zeit in Zwiesel

„Dann lieber einen ehrlichen Soldatentod"
JULI 1918 – DEZEMBER 1918

Trauerzug. Der Leichnam des Pour le Mérite-Trägers Fritz Rümmelein kommt auf abenteuerlichem Wege in seine Heimatstadt Zwiesel. Dort wird er mit militärischen Ehren beigesetzt

KAPITEL VI
Der Pour le Mérite-Träger fällt eine Woche vor Kriegsende

Diese Welt von Tod und Vernichtung liegt für Fritz zunächst zwischen Arras und Albert, dann bei Monchy und Bapaume, wo seit Ende August überlegene Verbände aus Großbritannien und seinem Commonwealth gegen die deutschen Linien anrennen. Auch Amerikaner sind inzwischen auf dem westlichen Kriegsschauplatz eingetroffen. Zug um Zug weichen die deutschen Verbände auf die „Siegfriedstellung" zwischen Cambrai und St. Quentin zurück und geben damit das in der Großen Schlacht um Frankreich gewonnene Terrain wieder preis. Doch nicht nur das. Ende September muss die Front noch weiter nach Osten zurückgenommen werden. Mitten in diesen Absetzkämpfen sind es einmal mehr die 87er, die zu diesem Zeitpunkt in der Nähe von Villers-en-Cauchies stehen.

Am 7. Oktober 1918 wird das 3. Bataillon, oder besser gesagt, was davon noch übrig ist, aus dem Kampf herausgezogen und ein paar Kilometer weiter hinten bei der Petite Julie Ferme – einem Weiler – als Reserve eingesetzt. Es sind noch ganze vier Maschinengewehre und etwa 60 Mann. Sie munitionieren auf und bereiten alles vor, was zur Abwehr eines Feindangriffs geschehen muss. Doch die Briten sind schnell nachgestoßen und überraschen die Männer des 3. Bataillons in der Nacht zum 8. Oktober. Was sich nun ereignet, schildert Fritz ein paar Tage später in einem langen Brief an die Eltern. Rücksichten auf deren Sorgen und Ängste nimmt er inzwischen keine mehr, wenn er berichtet, wie sie von den feindlichen Tanks überrollt worden und dann in die Flanke des Feindes vorgestoßen seien. Fritz weiter: „Als seine Infanteristen unsere Bajonette sehen, da wurde ihnen doch anders. Sie reißen teilweise vor uns kleiner Schar aus. Einzelne Maschinengewehre bringen jedoch unseren Angriff bald zum Stehen. Es gibt Verluste. Doch bald sind die englischen Tanks wieder da. Vor denen heißt's natürlich weichen. Wir biegen wieder nach der Seite aus. Die Schar ist unterdessen schon arg klein geworden. Nachfolgende Infanterie schießen wir zusammen. ... Wir Leutchen stehen wie eine Insel im Meer."

Erschöpfung. In Cambrai warten Männer des 87. Reserve-Infanterie-Regiments auf weitere Befehle

Probe. Die Maske muss sitzen, denn auf beiden Seiten kommen immer wieder Gasgranaten zum Einsatz

Kriegsgesichter. Die beiden Soldaten der „87iger" haben Gehstöcke, um im Schlamm besser voranzukommen

Tod. Am Stahlhelm ist zu erkennen, dass es sich bei den Gefallenen um Soldaten des Britischen Empire handelt

Hungersnot in Deutschland

Hunger-Schlangen. Im Jahr 1917 lag der Tagessatz pro Person bei 1000 Kalorien, 1918 noch darunter

Kriegsanleihe. Mit ihnen wurde der Erste Weltkrieg zu einem Gutteil finanziert

Deutschland hungerte im Ersten Weltkrieg. Denn gleich nach Kriegsbeginn errichtete Großbritannien eine Seeblockade, die das Reich von überlebenswichtigen Waren- und Nahrungslieferungen abschnitt. Im Gegenzug führte Deutschland einen uneingeschränkten U-Boot-Krieg in Nordsee und Atlantik mit dem Ziel, den Warenverkehr zwischen den Britischen Inseln und den Kolonien sowie den Vereinigten Staaten zu unterbrechen. Dieser hatte jedoch keine strategischen Auswirkungen auf Versorgung und Kriegsproduktion Großbritanniens. Auch Frankreich konnte seine Wirtschaftsleistung weitgehend stabil halten und sogar, wenn auch nicht im gleichen Ausmaß wie Großbritannien, Verbündete wie etwa Russland durch Hilfslieferungen unterstützen.

Deutschland dagegen musste die Ernährung seiner Bevölkerung aus eigenen landwirtschaftlichen Ressourcen bestreiten. Dazu fehlten oftmals Arbeitskräfte, denn Bauern und Landarbeiter waren an der Front, und Millionen Pferde wurden für den Kriegsdienst requiriert. Von 1916 an wurden die Lebensmittel rationiert. Anfang 1917 lag der Tagessatz bei gerade einmal 1000 Kalorien, nur Rüstungsarbeiter erhielten mehr. Der Schwarzmarkt blühte.

Schon im Jahr 1916 wurde die Ernährungslage aufgrund einer Kartoffelfäule noch prekärer. Die Folge war der „Kohlrübenwinter" 1916/17. Statt Getreidemehl und Kartoffeln griff man auf Kohlsorten oder sogar Sägemehl als Nahrungsersatz zurück, aus denen sogar Brot und Marmelade hergestellt wurden. Fleisch und Butter waren ohnehin Mangelware. Neben Lebensmitteln wurde auch Kohle immer knapper; weite Teile der Bevölkerung froren.

Erst 1917/18 erhielten die Mittelmächte durch den deutschen Vormarsch im Osten Zugriff auf die ukrainischen Ressourcen, vor allem auf Getreide. Doch aus diesen Gebieten zog man sich nach der Aufhebung des Friedens von Brest-Litowsk wieder zurück, ehe eine Entspannung in der Lebensmittelwirtschaft eintrat. Insgesamt starben im Weltkrieg etwa 700 000 Menschen an Unterernährung oder deren Folgen.

Von der Blockade weniger betroffen war die Rüstungswirtschaft. Deutschland importierte Erz aus Skandinavien und konnte neben dem Ruhrgebiet und Schlesien auch auf die Bergbaugebiete im eroberten Belgien zurückgreifen. Dank des Haber-Bosch-Verfahrens war die Sprengstoffproduktion nicht mehr auf den Import von Salpeter aus Chile angewiesen. Dennoch litt die deutsche Rüstung unter erheblichen Defiziten, insbesondere was Motorisierung und Treibstoffversorgung anging, die sich nach der Eroberung Rumäniens im Jahr 1916 entspannten. Als Paul von Hindenburg im August 1916 zum Chef der Obersten Heeresleitung bestellt wurde, setzte daher sein Generalquartiermeister General Ludendorff sofort umfassende Maßnahmen zur Produktionssteigerung in Gang: das „Hindenburg-Programm".

Im Rahmen dieses Programms wurde das „Hilfsdienstgesetz" erlassen, das auch Frauen und Jugendliche zur Arbeit in Rüstungsbetrieben verpflichtete. Außerdem wurden die sogenannten kriegsunwichtigen Betriebe geschlossen, um deren Arbeitskräfte für den Einsatz freizusetzen. Ziel des Hindenburg-Programms war es, bis zum Frühjahr 1917 die Munitionsproduktion zu verdoppeln, ebenso wie den Bau von Minenwerfern. Die Geschütz- und Maschinengewehrproduktion sollte gar verdreifacht werden. Die Pulverherstellung sollte von 6 000 Tonnen auf 12 000 Tonnen angehoben werden. Ebenso geplant war die Steigerung der Flugzeugproduktion.

Das Plansoll konnte nur sehr bedingt erreicht werden, besonders beim Bau von LKWs. Bei der Frühjahrsoffensive 1918 verfügten die Alliierten über 100 000 LKWs, die Deutschen über nur 23 000. Die Entwicklung und Produktion von Panzern wurden spät aufgenommen und blieben bis Kriegsende bedeutungslos.

Finanziert wurde der Krieg auf deutscher Seite vor allem über Kriegsanleihen, von denen bis 1918 insgesamt neun im Volumen von fast 100 Milliarden Reichsmark ausgegeben wurden. Durch die Niederlage und die dem Reich auferlegten Reparationszahlungen und Gebietsabtretungen 1919 wurden diese Investitionen wertlos. Zudem stieg die Inflationsrate Jahr für Jahr rasant, da die schwache Produktion von Friedensgütern nicht mit der Nachfrage mithalten konnte. Die Währung verlor so enorm an Wert, die Spareinlagen schmolzen zusammen. Die Konsequenz daraus war die Verarmung der Mittelschicht, die nicht ohne Auswirkungen für die gesellschaftliche Entwicklung der Weimarer Republik bleiben sollte.

Luftunterstützung. Immer häufiger greifen die englischen Flieger in den Erdkampf ein

Da die Gefahr der Umfassung des Frontabschnitts immer größer wird, übernimmt Fritz am 9. Oktober eine Kampfgruppe, die aus den Resten seines inzwischen fast aufgeriebenen Bataillons zusammengestellt wird. Sie besteht aus zwei Offizieren, fünf Unteroffizieren und 18 Mann. Mit ihr wirft sich Fritz abermals der Übermacht entgegen. Denen in der Heimat berichtet er darüber: „Ich kämpfe mit meinen Leute[n] sehr exponiert und hab mich bereits mit meinem Schicksal abgefunden. Heute heißt's sich eben opfern. Schwer der Gedanke, aber im Gedanken ans Große, um das es geht, finde ich mich bald mit ab. (...) Wir kriegen starkes Artillerie-Feuer und Maschinengewehr-Feuer, Flieger bearbeiten uns mit Bomben, sie wollen uns mit Gewalt zur Übergabe zwingen. Unter meiner Führung gibt's das aber nicht. Und meine Leute vertrauen mir."

Das Häuflein gibt alles. Mehrfach greift der Tod in seine Reihen, wenn Leutnant Kohl etwa einen Kopfschuss erhält oder andere von Tanks überrollt werden. Doch Fritz entkommt dem Tod immer wieder um Haaresbreite, und er schafft es durch seinen kaltblütigen Einsatz, die im Weichen befindlichen Soldaten zum Halten zu bringen und eine neue Widerstandslinie zu organisieren, unter deren Schutz schließlich ein geordneter Rückzug auf die ausgebaute „Hermannstellung" möglich wird. Als sich Fritz mit einem Offizier, zwei Unteroffizieren und neun Mann – die anderen sind tot – beim Brigadekommandeur von dem Himmelfahrtskommando zurückmeldet, erhält er ein großes Lob.

JULI 1918 – DEZEMBER 1918

In dem Brief an seine Eltern, in dem er die dramatischen Ereignisse jener Oktobertage des Jahres 1918 schildert, schreibt Fritz noch von der „wahnsinnigen Übermacht" der Engländer. Sie „kämpfen mit einem Materialaufwand, von dem man sich als Unbeteiligter keinen Begriff machen kann. Munition hat er so viel wie noch nie, sagt er. An Menschen so viel er will. Und trotz allem hat er nicht erreicht, was er wollte. Und wenn alle deutschen Offiziere und Soldaten ihre Pflicht getan hätten wie sich's gehörte, dann wär's bei kleinsten Anfangserfolgen des Feindes geblieben." Fritz ist von der moralischen Legitimation dieses Krieges nach wie vor überzeugt, denn er hat keine deutschen Kriegsgräuel, wie sie es in Belgien gegen echte und vermeintliche Partisanen gab, erleben müssen. Wie ein Glaubensbekenntnis klingen dann auch seine Worte, mit denen er seine Schilderung der Kämpfe beschließt: „Wenn jeder sich vor Augen hält, um was es geht, dann muss er stehen und sterben! So denke ich. Und wenn alle so denken würden, dann kriegen wir auch einen leidlichen Frieden."

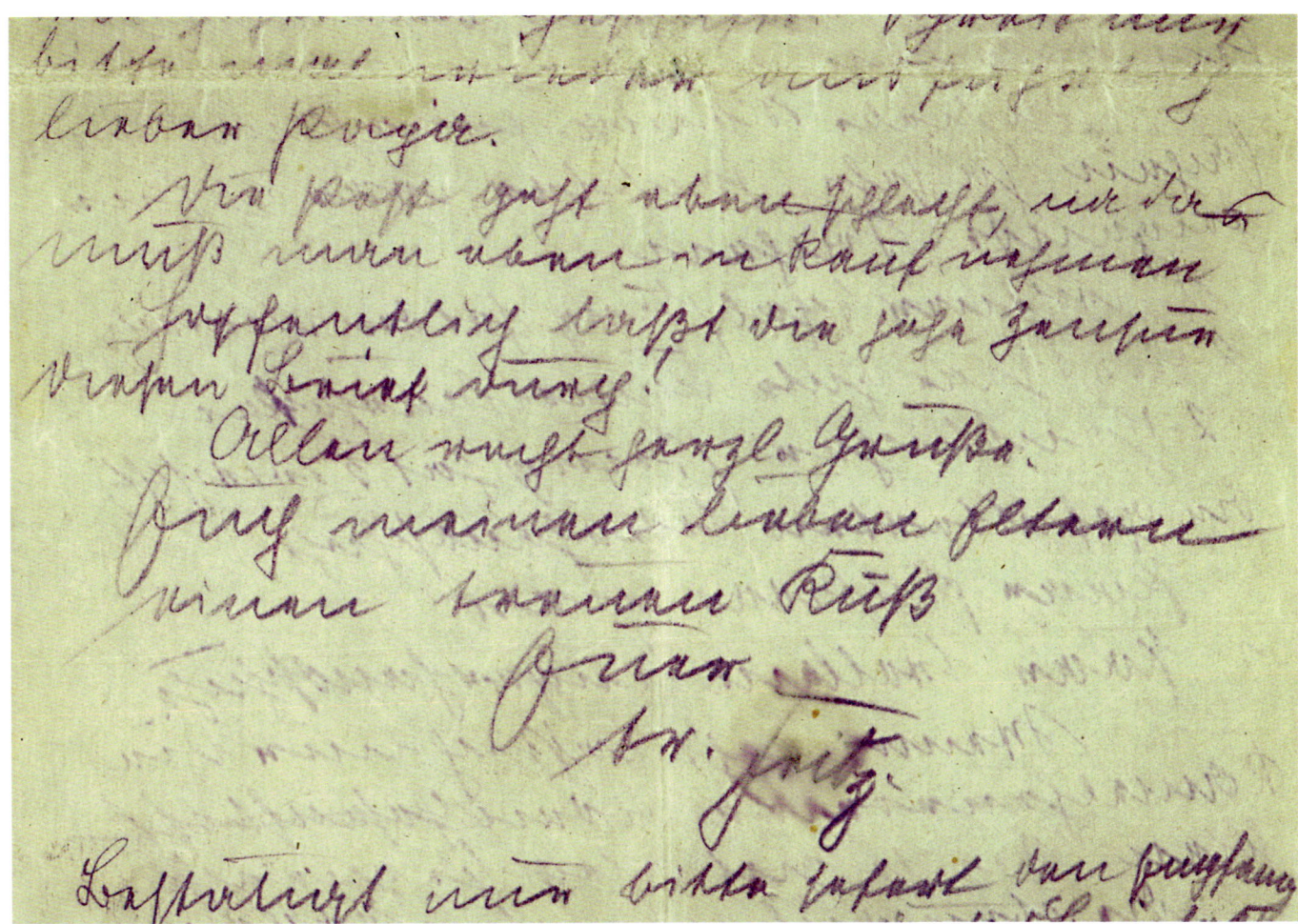

Letzter Brief. Fritz schickt „allen herzliche Grüße" und „meinen lieben Eltern einen treuen Kuß"

Kampf. Britische Panzer nähern sich ostwärts von Cambrai den deutschen Infanteristen

Bei Fritz hat sich inzwischen die Überzeugung durchgesetzt, dass es der Allmächtige gut mit ihm meine. „Es gab Momente, wo ich so nah an Tod und Verderben vorbei kam, dass ich mir unwillkürlich sagte, der liebe Herrgott behütet Dich." Mit seinem Freund und Vorgesetzten Hauptmann von Wenckstern unterhält er sich darüber. Und sie sind beide der Meinung, dass es eine herrliche Fügung sei, dass sie wieder so gut durchgekommen seien. Doch damit nicht genug.

Zusammenbruch Österreich-Ungarns

Die österreichich-ungarische Doppelmonarchie, von der der Krieg seinen Ausgang nahm, war von Anfang an der Juniorpartner des Deutschen Reiches. Bei nahezu allen Operationen in Südosteuropa brauchte das k. u. k.-Heer die Unterstützung durch die deutsche Militärmacht. Rüstungstechnisch waren die österreichisch-ungarischen Truppen in keiner Weise auf den Krieg vorbereitet.

Generale und Offiziere waren in der Regel Deutsche oder Ungarn, die Mannschaften aber entstammten zu erheblichem Teil der armen slawischen Landbevölkerung des Vielvölkerreiches. Auch sie strebten nach Unabhängigkeit und eigenen Nationalstaaten. Die oftmals erniedrigende Behandlung durch ihre Vorgesetzten steigerte noch diesen Drang. Immer wieder liefen ganze Truppenteile mit slawischer Mehrheit zu den Russen über oder verweigerten zumindest den Gehorsam. Entsprechend schlecht war die Moral in der Truppe.

Im Kampf erlitten die k. u. k.-Armeen fast durchweg Niederlagen. Sowohl gegen Serbien als auch gegen Rumänien und insbesondere Russland rettete sie jeweils erst das Eingreifen deutscher Verbände vor der völligen Niederlage. Nur gegen Italien konnten sich die Alpentruppen, darunter besonders die legendären Kaiserjäger, behaupten; so am Grenzfluss Isonzo im heutigen Slowenien, wo seit 1915 unaufhörlich gekämpft wurde.

In der zwölften und letzten Isonzoschlacht bei Karfreit/Caporetto im Oktober 1917 schlugen sie die Italiener mithilfe des Deutschen Alpenkorps entscheidend, wobei sich ein junger deutscher Kompanieführer namens Erwin Rommel den Pour le Mérite erwarb. Am Fluss Piave endete allerdings ihr Siegeszug. Mit Unterstützung der Engländer und Amerikaner hatten die Italiener ihre Front stabilisiert.

Im Habsburger Reich blühte derweil der Separatismus. Die Völkerschaften planten bereits für die Zeit nach dessen Zusammenbruch. Redlich mühte sich Kaiser Karl I., der weit weniger die Völkerschaften zu integrieren verstand als sein Vorgänger. Um das weitere Auseinanderdriften der Doppelmonarchie zu verhindern, erließ der Kaiser Mitte Oktober 1918 ein „Völkermanifest". Darin versprach er insbesondere den Slawen eine begrenzte politische Autonomie. Doch seine Bemühungen kamen zu spät. Unmittelbar darauf wurde der südslawische SHS-Staat, bestehend aus Serbien, Kroatien und Slowenien, ausgerufen. Nachdem die amtierende Regierung in Budapest am 31. Oktober 1918 das Ausscheiden Ungarns aus dem Reichsverband mit Österreich erklärte, hatte das Habsburgerreich aufgehört zu existieren.

Schließlich wurde die österreichische Armee auch noch in der dritten Piaveschlacht bei Vittorio Veneto von den Italienern geschlagen. Das Armeeoberkommando musste den Waffenstillstand von Villa Giusti unterzeichnen. Am 11. November 1918, dem Tag des Waffenstillstands im Wald von Compiègne, erklärte Kaiser Karl schließlich seinen Thronverzicht und verließ das Land. Eine formelle Abdankung war es allerdings nicht. Er hielt sie, darin bestärkt von Kaiserin Zita, für unvereinbar mit dem Gedanken des „Gottesgnadentums".

Auch in Österreich brachen nun neue Zeiten an. Der Adel wurde abgeschafft. Aus dem „Oberhaus Europas" mit seinen strengen Standesschranken wurde unter dem Sozialdemokraten Karl Renner eine Republik. Die neue Ordnung der Grenzen im einstigen Herrschaftsbereich der Habsburger wurde von den Siegern des Weltkrieges in den Verträgen von Saint-Germain-en-Laye (September 1919) und Trianon (Juni 1920) festgelegt: Das Königreich Böhmen ging demnach in der Tschechoslowakei auf, Ungarn wurde selbstständig, allerdings in weitaus engeren Grenzen als vorher, Siebenbürgen ging an Rumänien, die Balkanländer, darunter auch Bosnien-Herzegowina, wurden zum Königreich Jugoslawien unter serbischer Führung. Tirol und Istrien fielen an Italien, das weißrussische Galizien teils an Polen, teils an die spätere Sowjetunion. Dem Reststaat Österreich wurden die Bezeichnung „Deutschösterreich" sowie der Anschluss an das Deutsche Reich verboten, obwohl er von beiden demokratisch gewählten Regierungen beschlossen worden war.

Der Zusammenbruch der Donaumonarchie, wie auch der des Osmanischen Reiches, markiert das Ende der alten Vielvölkerimperien. Stattdessen entstanden neue Vielvölkerstaaten. Das Nationalitätsprinzip, wie es der amerikanische Präsident Woodrow Wilson im Januar 1918 in seinem viel beachteten 14-Punkte-Programm beschworen hatte, unterlag gegenüber der Willkür der Sieger, zu denen er selbst gehört hatte.

Kaiser Karl I. Der Habsburger konnte den Untergang der Donaumonarchie nicht aufhalten und flüchtete aus dem Land

Fritz Rümmelein. Er wird mit der höchsten Tapferkeitsmedaille ausgezeichnet

Pour le Mérite. Die Soldaten nennen ihn den „Blauen Max"

Am 31. Oktober, als Fritz zusammen mit dem Hauptmann von vorne in den Gefechtsstand des Bataillonsstabes zurückkommt, der im Keller eines zerschossenen Hauses in einem Nest namens Orsinval untergebracht ist, erwartet ihn eine Überraschung. Ihm ist der „Blaue Max", wie sie im Felde den Pour le Mérite nennen, zuerkannt worden. Es ist die höchste Tapferkeitsauszeichnung des Kaiserreichs. „Ich bin weg, ich kann's gar nicht glauben", notiert er in sein Tagebuch. Er weiß, dass er damit in die Annalen der Kriegsgeschichte eingeht, und freut sich wie ein Kind. Zusammen mit von Wenckstern und zwei Kameraden vom Stab feiert er bei einer Flasche Schaumwein und Dosenwurst; sie sprechen über die Heimat, über den Frieden, der hoffentlich bald kommen wird, ehe sie die feindliche Artillerie aus ihren Träumen zurückholt.

An Allerheiligen 1918 hocken sie immer noch im Keller des zerschossenen Hauses in Orsinval. In den frühen Morgenstunden haben die Engländer das Bataillon mit einem fürchterlichen Trommelfeuer eingedeckt. In den darauffolgenden beiden Tagen ist es nicht anders. Im Stab erwartet man den Angriff der Tanks und der englischen Infanterie. Die Ungewissheit nagt an den Nerven. Fritz notiert in sein Tagebuch: „Die Nacht gibt wenig Schlaf. Nach Mitternacht ist's unheimlich ruhig. Direkt ungemütlich. So von drei Uhr ab wartet man aufs Trommelfeuer. Es kommt nichts. Scheinbar ist der Tommy noch nicht ganz im Bilde über die Lage."

Dann kommt der 3. November 1918. Eigentlich hätte das Bataillon schon am Vortag aus der vordersten Linie herausgelöst werden sollen. Doch das ist nicht geschehen. Am Himmel ist wieder einmal der Teufel los. Unten weniger. Nur gelegentlich schießt die englische Artillerie ein paar Salven herüber. Für den späten Abend hat von Wenckstern noch eine Besprechung angesetzt, denn er rechnet nach wie vor mit dem Angriff der Briten. Gegen Mitternacht verlässt Fritz den Gefechtsstand mit einem Artillerieoffizier und einem Unteroffizier, um die Kameraden im Nebenabschnitt einzuweisen. Wenige Minuten später beendet ein britisches Artilleriegeschoss jäh ihren Weg. Die Granate ist in ihrer unmittelbaren Nähe eingeschlagen. Fritz und die anderen sind sofort tot.

Als von Wenckstern die Nachricht erhält, dass zwei Offiziere und ein Unteroffizier durch einen Artillerieeinschlag getötet worden sind, eilt er „Böses ahnend" zum Ort des Geschehens. In seinem handgeschriebenen Brief, den er am nächsten Morgen den Eltern nach Zwiesel schreibt, berichtet der Bataillonskommandeur, dass er wenige

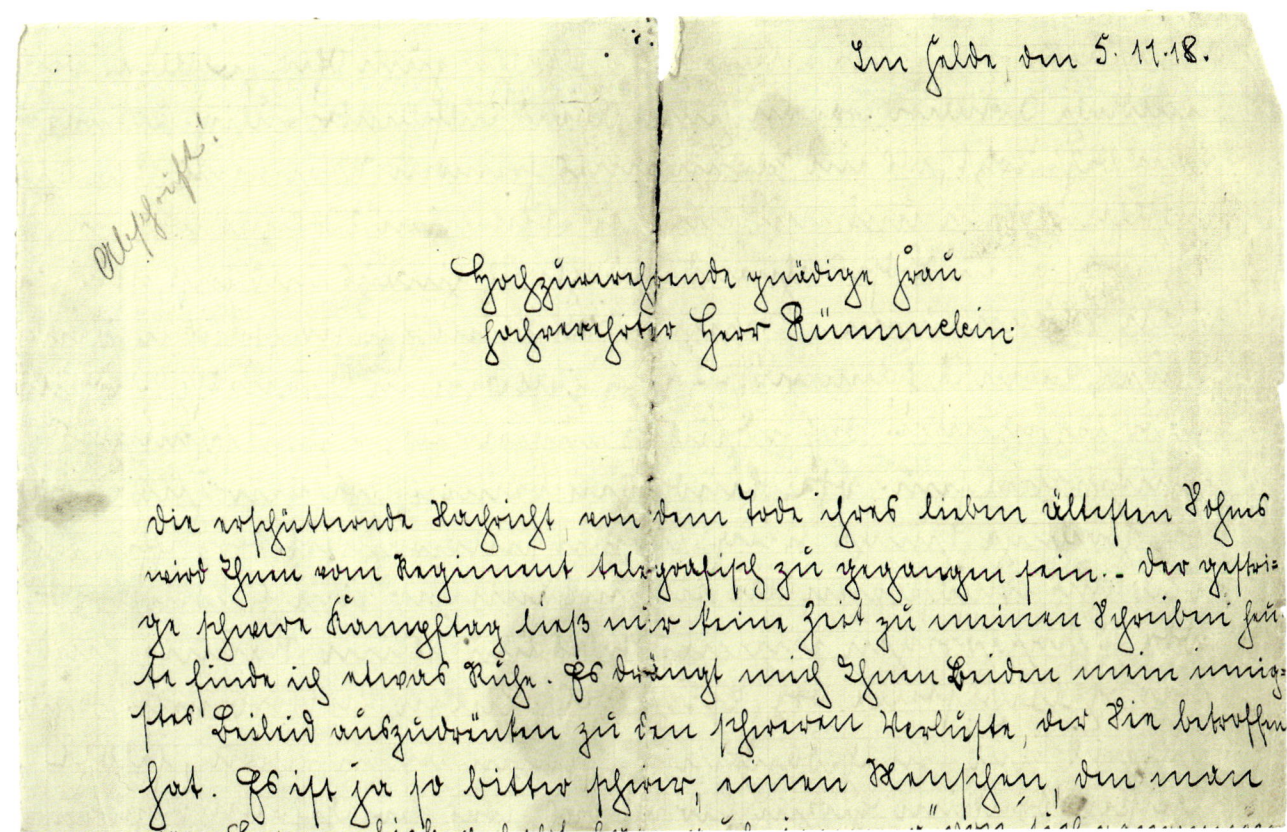

Kondolenzbrief. Der Bataillonskommandeur von Wenckstern schildert den Eltern, wie Fritz gefallen ist

JULI 1918 – DEZEMBER 1918

Minuten später an der Leiche des „lieben Gefallenen" gestanden habe. Von Wenckstern beschreibt das Szenario, wie er es gewiss nicht vorgefunden hat, will er doch den erschütterten Eltern das Unerträgliche erträglicher machen: „Der Tod" – so von Wenckstern – „muss augenblicklich und schmerzlos eingetreten sein. Die kindlichen, reinen, frischen Züge, die dieser prächtige Junge trug, waren unverändert. (...) Dann habe ich ihm – in Gedanken an seinen lieben Eltern, selbst heißen Dank im Herzen für all das, was der Gefallene mir gewesen, die Augen zugedrückt. Still und friedlich lag er da. Er schien zu schlafen. Die Leute des Stabes hatten am Nachmittage dem neuen ‚Ritter' einen herzlichen Strauß Rosen gebracht. Unter die gefalteten Hände, auf das treue Herz legten wir die Rosen."

Von Wenckstern ist betroffen vom Tod seines Adjutanten, dem er innerlich weit näher stand, als er es ihn als sein Vorgesetzter fühlen lassen durfte. Nicht zuletzt deshalb verspricht er den Eltern, den Leichnam in seine bayerische Heimat überführen zu

Bekanntmachung. Die Eltern von Fritz Rümmelein geben am 8. November 1918 in der „Bayerischen Waldzeitung" eine Todesanzeige auf

Revolution und Waffenstillstand

Am 9. November 1918 trat der mehrheits-sozialdemokratische Reichstagsabgeordnete Philipp Scheidemann auf einen Balkon des Reichstags und verkündete der wartenden Menschenmenge: „Das Alte und Morsche, die Monarchie ist zusammengebrochen, es lebe das Neue, es lebe die deutsche Republik." Es war dies die Geburtsstunde der parlamentarischen Demokratie in Deutschland.

Bis dahin war es ein weiter Weg. Das Deutsche Reich von 1871 war zwar eine konstitutionelle Monarchie, doch in Preußen wurden die Parlamente nach dem Dreiklassenwahlrecht gewählt. Die Reichsleitung war dem Kaiser, nicht dem Reichstag verantwortlich. Im Krieg wurde der Ruf nach mehr politischer Mitsprache und nach parlamentarischer Verantwortlichkeit der Regierung immer lauter.

Nach dem Zusammenbruch der Westfront Ende September 1918 konnte sich Wilhelm II. dem nicht mehr entziehen. Unter dem neuen Reichskanzler, dem liberalen Prinz Max von Baden, kam es zu den „Oktoberreformen". Erstmals wurden auch Abgeordnete aus Zentrum und die Mehrheits-Sozialdemokratie (MSPD) in die Reichsleitung berufen. Seit dem 28. Oktober war das Reich eine parlamentarische Monarchie. Als die Hoffnungen auf den amerikanischen Präsidenten Woodrow Wilson als dem Garanten für einen gerechten Frieden an den Waffenstillstandsbedingungen zerbarsten, als Ludendorff forderte, den Widerstand „mit den äußersten Kräften fortzusetzen", drangen aus der Marineführung Gerüchte, dass nun die Hochseeflotte, die aus Furcht vor der Überlegenheit der Briten geschont worden war, zu einer letzten Entscheidungsschlacht in den Ärmelkanal auslaufen würde. Doch die Matrosen wollten sich nicht mehr sinnlos „verheizen" lassen. So kam es zum Matrosenaufstand in Kiel und Wilhelmshaven. Soldaten verweigerten ihren Offizieren den Gehorsam und rissen ihnen die Schulterstücke herunter. Arbeiter- und Soldatenräte übernahmen die zivile und militärische Macht. Kaum ein Truppenteil war mehr kaisertreu, nicht einmal mehr die traditionsreichen Garderegimenter. Schnell breitete sich die Revolte von der Küste ins ganze Land aus. Sowohl die Oberste Heeresleitung als auch die Führung der Sozialdemokraten drängten Wilhelm II., entweder den Tod an der Front zu suchen oder aber abzudanken und das Land zu verlassen. Damit wollten sie eine Revolution nach russischem Vorbild verhindern. Während Wilhelm sich noch sträubte, gab Reichskanzler Prinz Max am 9. November eigenmächtig folgenden Erlass heraus: „Seine Majestät der Kaiser und König haben sich entschlossen, dem Throne zu entsagen." Auch in allen deutschen Teilstaaten wurden die Könige, Großherzöge, Herzöge und Fürsten gestürzt. Aus der Matrosenrevolte war die Novemberrevolution geworden. Der Kaiser ging ins Exil in die neutralen Niederlande. Von dort aus erklärte er am 28. November formell seine Abdankung.

Doch ob aus Deutschland tatsächlich eine parlamentarische Demokratie werden würde, war zu diesem Zeitpunkt alles andere als sicher. Denn kurz nach Scheidemanns Auftritt proklamierte, Karl Liebknecht von den radikalen, unabhängigen Sozialdemokraten (USPD) vom Balkon des Stadtschlosses die „freie, sozialistische Republik Deutschland" und forderte das Bekenntnis zur sozialistischen Weltrevolution ein.

Vorerst konnten sich der gemäßigte Mehrheitsflügel der SPD unter Friedrich Ebert und Philipp Scheidemann und der USPD unter Liebknecht und Rosa Luxemburg auf einen vorläufigen Kompromiss einigen. Je drei ihrer Vertreter bildeten den „Rat der Volksbeauftragten", der die Regierungsgeschäfte übernahm. Max von Baden trat noch am Abend zurück und übergab das Kanzleramt an Ebert, der nun den Vorsitz im neuen Gremium übernahm.

Zwei Tage später, am 11. November, unterzeichnete eine deutsche Delegation unter Leitung des Zentrumspolitikers Matthias Erzberger bei Compiègne im Salonwagen des französischen Oberbefehlshabers Marschall Foch unter demütigenden Bedingungen den Waffenstillstand. Aufgrund der verzweifelten Lage des deutschen Heeres und der revolutionären Wirren in der Heimat nahm die deutsche Abordnung alle alliierten Bedingungen an: Räumung der französischen und belgischen Gebiete, Internierung der deutschen Flotte, Einziehung von schweren Waffen und Flugzeugen, Besetzung des linken Rheinufers durch Frankreich, Lieferung von Reparationen, sofortige Annullierung des im März mit Russland geschlossenen Friedens von Brest-Litowsk. Der Krieg war vorüber, aber die Republik in Deutschland ging einer ungewissen Zukunft entgegen.

Philipp Scheidemann. Am 19. November 1918 rief der Sozialdemokrat von einem Fenster des Reichstags die „deutsche Republik" aus

Waffenstillstand. Wie ein Angeklagter musste der Reichstagsabgeordnete Matthias Erzberger vor die französische Generalität treten

JULI 1918 – DEZEMBER 1918

lassen, sofern es ihm gelänge, einen Zinksarg zu beschaffen. Es wird von Wenckstern allen Unbilden zum Trotz gelingen.

Wenig später wuchten einige Männer des Bataillons in seiner Anwesenheit einen schweren Zinksarg auf einen Bagagewagen, wie im Dezember in der „Bayerischen Waldzeitung" zu lesen sein wird. Auf diesem erreicht der tote Pour-le-Mérite-Träger im Tross des zurückflutenden Regiments die Reichsgrenzen. Der Erste Weltkrieg ist da schon zu Ende, denn am 11. November 1918 haben im Wald von Compiègne Vertreter der Reichsregierung einen Waffenstillstand unterzeichnet.

Irgendwo im Westen Deutschlands wird der Sarg und eine diesem beigefügte hölzerne Munitionskiste mit den Habseligkeiten von Fritz – seine Auszeichnungen, seine Offiziersmütze, seine Pickelhaube, seine Feldtasche, die Briefe und Karten aus der Heimat – auf die Bahn verladen. Es folgt eine Irrfahrt durch das Reich. Sarg und Kiste stehen in Güterwagen auf Abstellgleisen und in Lagerräumen. Denn bei der Eisenbahn herrscht durch Rückzug und Demobilisierung der Truppen das blanke Chaos. Und ansonsten geht es auch drunter und drüber: Der Kaiser hat abgedankt, Deutschland ist Republik. Was für eine, weiß man noch nicht so genau.

Endlich, am 11. Dezember 1918, kommt der Zinksarg mit dem Leichnam auf dem Bahnhof von Zwiesel an. Von dort überführen sie ihn zum Friedhof der niederbayerischen Kleinstadt. Dem von Pferden gezogenen Leichenwagen voran schreiten ein paar Kameraden vom 3. Bataillon des 87. Reserve-Infanterie-Regiments. Einer von ihnen trägt ein Ordenskissen mit dem Pour le Mérite, dem Hausorden von Hohenzollern, der hessischen Verdienstmedaille und den Eisernen Kreuzen. Dem Leichenwagen folgen 50, 60 Infanteristen mit geschultertem Gewehr. Am Straßenrand stehen ein paar Passanten. Ansonsten erregt der Leichenzug, der über den Stadtplatz führt, wenig Aufmerksamkeit, denn der Tod ist angesichts von Hungersnot und Spanischer Grippe auch in Zwiesel allgegenwärtig.

Oben am Friedhof warten die Eltern, Vater Heinrich, Mutter Karolina, Großvater Fritz, die Brüder Eugen und Heinz, die wohlbehalten aus dem Weltkrieg zurückgekehrt sind, sowie die beiden jüngeren Geschwister des Gefallenen. Am darauffolgenden Tag, dem 12. Dezember 1918, wird Fritz Rümmelein in der Familiengruft beigesetzt. Ein evangelischer Wanderprediger namens A. Rabus hält die Trauerrede, voll nationalem Pathos. Er spricht von dem jungen Helden, der sein Leben für das bedrohte

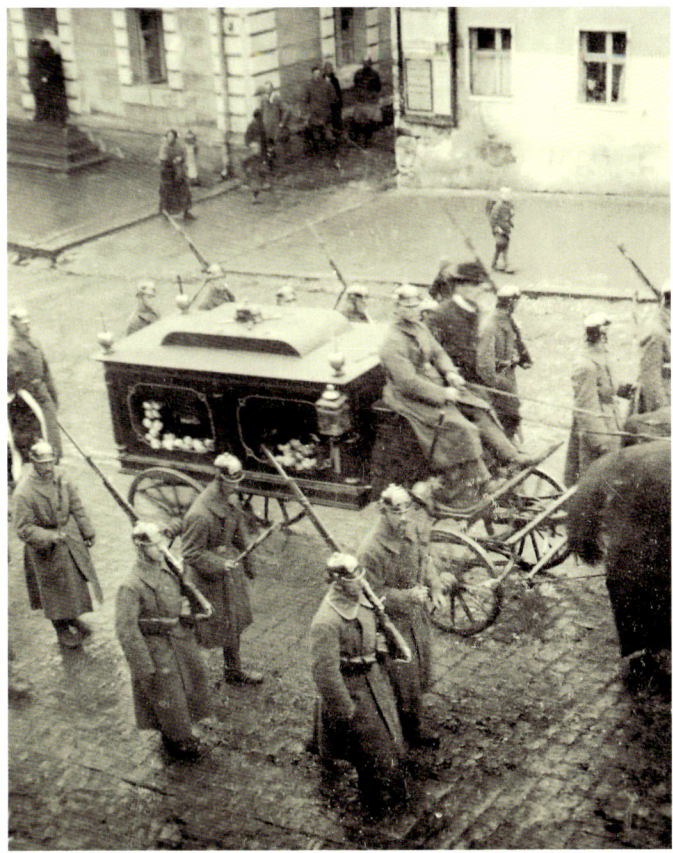
Trauerzug I. Einige Kameraden von Fritz sind nach Zwiesel gekommen

Trauerzug II. Die meisten Soldaten sind aus der Umgebung

Wegende. Der Trauerzug, angeführt von der Familie und dem protestantischen Prediger Rabus (r.), bewegt sich zur Gruft der Familie Rümmelein

Ehrensalut. Eine Gruppe Feldgrauer erweist dem gefallenen Leutnant Fritz Rümmelein die letzte Ehre

Reich hingegeben habe; er spricht von der „gnädigen Fügung Gottes, der ihn den Zusammenbruch seines Vaterlandes nicht wollte erleben lassen"; und er spricht von Erlösung und Auferstehung. Am Ende, nachdem sie den Sarg des Pour-le-Mérite-Trägers in die Gruft hinuntergelassen haben, nachdem das „Ich hatt' einen Kameraden" verklungen ist, schießen einige Männer von den 87ern mit ihren Karabinern noch Salut.

Nur 23 Jahre alt ist Fritz Rümmelein geworden. Er ist einer von 9,4 Millionen Soldaten des Ersten Weltkriegs, die sinnlos sterben mussten.

Heldengrab. Neben Offiziersdegen und Pickelhaube ist es mit dem Pour le Mérite und den anderen Auszeichnungen von Fritz Rümmelein dekoriert

„Er ist ein Vorbild für die Jugend"
1918 – 1939

Massenaufmarsch. Auf dem „Reichsparteitag Großdeutschland" im September 1938 präsentieren die Männer des Arbeitsdienstes den Spaten, bald ist es das Gewehr. Das Erinnerungsfoto von Fritz Rümmelein (o.) ist retuschiert, denn es existiert keine Aufnahme, auf der er den Pour le Mérite trägt

KAPITEL VII
Fritz Rümmelein wird von der NS-Propaganda missbraucht

Fritz Rümmelein ist tot und begraben. Mit ihm fielen 178 Söhne Zwiesels. Noch ehe der Erste Weltkrieg zu Ende gegangen ist, sind in der niederbayerischen Kleinstadt ihre Namen in Stein gemeißelt worden. Bereits im Oktober 1918 hat die Kirchenverwaltung die Taufkapelle in der Stadtpfarrkirche zu einer Kriegergedächtniskapelle umgestaltet und darin eine Erinnerungstafel angebracht. Einer der letzten Namen, die dort hinzugefügt worden sind, war der von Fritz Rümmelein. Die Bevölkerung hat dies mit einer gewissen Gleichgültigkeit hingenommen, denn die Menschen sind mit sich selbst beschäftigt. Die Hungersnot, die durch die über das Kriegsende hinaus aufrechterhaltene britische Seeblockade verschärft wird, und die immer noch grassierende Spanische Grippe machen das Dasein der Menschen nach wie vor zu einem Überlebenskampf.

Hinzu kommt die ungewisse Zukunft, vor der sie sich sehen, denn die Zustände in Deutschland sind alles andere als rosig: In Berlin wollen die Sozialdemokraten, die das Heft in die Hand genommen haben, aus Deutschland eine parlamentarische Demokratie machen. Die will die äußerste Linke mit allen Mitteln verhindern, was Anfang Januar 1919 zu bürgerkriegsähnlichen Zuständen führt. Und auch in Bayern prallen nach dem Ende der Monarchie katholische Tradition und sozialistische Zukunftsvisionen aufeinander – in München freilich ungleich heftiger als in der Provinz.

Doch auch in Zwiesel hat sich am 10. November 1918 ein Arbeiter- und Soldatenrat konstituiert. Auch hier sind sie mit roten Fahnen durch die verschneiten Straßen des Städtchens gezogen, mehr, um gegen den Hunger zu protestieren als für eine Neuwerdung der Dinge, von denen man ohnehin keine so rechten Vorstellungen hat. Zu besonderen Ausschreitungen oder tätlichen Auseinandersetzungen kommt es – wie in einer Chronik eigens vermerkt ist – aber nicht. Die Lethargie weiter Teile der Bevölkerung und das geringe Ansehen der Räte tragen dazu bei. Und auch die Parteien hätten wenig Rückhalt bei der Einwohnerschaft, heißt es.

Novemberrevolution. Arbeiter und Soldaten marschieren über den Stadtplatz von Zwiesel

1918 – 1939

Viel dreht sich in diesen Tagen auch in Zwiesel um die bevorstehende Heimkehr der Frontsoldaten. Die kommen ihrem Selbstverständnis zufolge nicht als Verlierer zurück. Obwohl sie der gegnerischen Übermacht nicht mehr haben standhalten können, gelten sie in der Bevölkerung als „im Felde unbesiegt" – wohl deshalb, weil sie beim Waffenstillstand weit westlich und östlich der Reichsgrenzen gestanden haben. Kein Geringerer als der sozialdemokratische Führer und spätere Reichspräsident Friedrich Ebert hat dieser Sichtweise Vorschub geleistet, als er den am 10. Dezember 1918 in den „freien deutschen Volksstaat" zurückkehrenden Truppen entgegengerufen hat: „Kein Feind hat Euch überwunden. (...) Allen Schrecken habt Ihr mannhaft widerstanden – Mannschaften und Führer –, sei es in den Kreidefelsen der Champagne, in den Sümpfen Flanderns oder auf dem elsässischen Bergrücken, sei es im unwirtlichen Russland oder im heißen Süden. (...) Ihr habt die Heimat vor feindlichem Einfall geschützt (...) Erhobenen Hauptes dürft Ihr zurückkehren. Nie haben Menschen Größeres geleistet und gelitten als Ihr."

Überall in Deutschland werden die Regimenter in ihren Garnisonsstädten von der Bevölkerung willkommen geheißen. Zwiesel hat keine Garnison. Dennoch richtet die Stadt am 24. Februar 1919 für die Kriegsheimkehrer eine große Feier aus, an der neben den vaterländischen Organisationen und Vereinen 600 Veteranen teilnehmen. Die Heimkehrer werden an diesem Tag freigehalten. Trotz dieses herzlichen Empfangs tun sich die meist orientierungslosen Männer in der Heimat schwer. Sie sind offen für

Begrüßung. Der SPD-Führer Friedrich Ebert heißt am Brandenburger Tor in Berlin die heimkehrenden Truppen willkommen

Bürgerkrieg und Januar-Wahlen

Januarkämpfe. Spartakisten sind im Berliner Zeitungsviertel in Stellung gegangen

Aufruf. Das Plakat fordert die Deutschen auf, an den ersten freien, gleichen und geheimen Wahlen teilzunehmen

Zum Jahresende 1918 wusste niemand in dem darniederliegenden, hungernden Deutschland so recht, wohin die Reise gehen würde. Die Revolution hatte sich spätestens seit dem Austritt der unabhängigen Sozialdemokraten aus dem Rat der Volksbeauftragten und ihrer Weigerung, an der Wahl einer verfassungsgebenden Nationalversammlung teilzunehmen, auf das Unversöhnlichste gespalten. Während die Mehrheits-Sozialdemokraten (MSPD) unter ihren Führern Friedrich Ebert und Philipp Scheidemann einen geordneten Weg zu demokratischen Verhältnissen einschlagen wollten, versuchten die „Spartakisten", wie die Anhänger radikal-linker Gruppierungen genannt wurden, fortan, ihre Ziele auf der Straße durchzusetzen.

Anfang Januar 1919, nachdem sich die äußerste Linke unter Führung von Rosa Luxemburg und Karl Liebknecht zur Kommunistischen Partei Deutschlands (KPD) formiert und als deutscher Teil der von Moskau geführten kommunistischen Weltrevolution präsentiert hatte, eskalierte die Lage. Der ausgerufene Generalstreik wurde von der KPD zu einem bewaffneten Aufstand gegen die MSPD umfunktioniert. Ebert und der für Heer und Marine zuständige Volksbeauftragte Gustav Noske (MSPD) riefen regierungstreue Truppen und einen Freikorpsverband zu Hilfe. Diese schlugen den „Spartakistenaufstand" blutig nieder. Liebknecht und Luxemburg wurden festgenommen und von Freikorpsleuten getötet.

Am 19. Januar 1919 konnten schließlich freie, gleiche und geheime Wahlen in Deutschland stattfinden. Erstmals durften jetzt auch die Frauen wählen, die bislang in Preußen von Abstimmungen ausgeschlossen waren. Die Wahl endete mit einem überwältigenden Sieg für die MSPD, die zusammen mit dem katholischen Zentrum und der linksliberalen Deutschen Demokratischen Partei (DDP) auf 76,3 Prozent der Stimmen kam. Dies war nach den Schrecken des Weltkrieges eine überaus beeindruckende Manifestation der Deutschen für eine demokratische und friedvolle Zukunft des Landes und eine klare Absage an die radikale Linke, aber auch an die Rechte, in Gestalt der Deutschnationalen Volkspartei (DNVP) gerade einmal 10, 3 Prozent der Stimmen erreichte.

Die Weimarer Koalition, wie das von Scheidemann geführte Regierungsbündnis aus MSPD, DDP und Zentrum genannt wurde, konnte bei allen Unbilden der Zeit mit berechtigter Zuversicht nach vorne schauen. Ermöglicht wurde das durch dessen Pakt mit dem mehrheitlich regierungstreuen Militär beim Kampf gegen die Linke. Reguläre Heereseinheiten, flankiert von Freikorps, kämpften im Frühjahr 1919 überall in Deutschland gegen Rote Armeen, ob in Berlin, im Ruhrgebiet oder in Bayern. Dort war im April nach der Machtübernahme der Räte – nach Lenins Russland und Bela Kuhns Ungarn – die „dritte Sowjetrepublik" entstanden, wie der Vorsitzende der Kommunistischen Internationale Grigori J. Sinowjew selbstzufrieden feststellte. Es gelang der Regierung Scheidemann, die wegen der unsicheren Lage in Berlin ins thüringische Weimar ausgewichen war, die rote Revolution, mit teilweise überzogener Brutalität, einzudämmen. Entscheidend für die Beendigung des Bürgerkriegs und die Wiederherstellung stabilerer innenpolitischer Verhältnisse war jedoch der Kampf gegen Not und Elend in der Bevölkerung. Und der hing zu einem Großteil von den Siegermächten des Weltkriegs ab, die seit Mitte Januar im Versailler Schloss über die von Deutschland zu entrichtenden Reparationen und über die Nachkriegsordnung in Europa verhandelten. Trotz der aufrechterhaltenen britischen Seeblockade setzte die Reichsregierung auf deren Augenmaß und Vernunft. Mit der Abschaffung der Monarchie und mit der Erfüllung der Waffenstillstandsbedingungen in Compiègne glaubten nicht nur die Mehrheits-Sozialdemokraten, vertrauensbildende Vorleistungen gegenüber den Siegermächten erbracht zu haben, die in Versailles für die Deutschen günstig zu Buche schlagen würden. Wie sehr sie auf einen gerechten Frieden hofften, verdeutlichen die Worte Scheidemanns. Der Frieden, so sagte er in seiner Regierungserklärung im Februar 1919, „soll kein Frieden werden von der Art, wie ihn die Geschichte kennt, keine mit neuen Kriegsvorbereitungen ausgefüllte Ermattungspause eines ewigen Kriegszustandes der Völker, sondern er soll das harmonische Zusammenleben aller zivilisierten Völker begründen auf dem Boden einer Weltverfassung, die allen gleiche Rechte verleiht (...) Ein niedergetretenes, gedemütigtes, ewig hungerndes Deutschland wäre für alle Völker der Welt ein Unglück und eine Gefahr (...)."

Erinnerung. In der Kriegschronik wird Fritz Rümmelein irrtümlich zum Angehörigen des „87. Bayr. Res. Inf. Rgt." gemacht

das Neue, weshalb sie umworben werden, nicht zuletzt auch aus politischem Kalkül, hängt doch von ihnen die Zukunft des Landes mit ab. Die Matrosen an der Küste haben die Revolution entfacht, Soldaten und Arbeiter haben sie weitergetragen, und Reichswehrmänner und Freikorpskämpfer haben ihr im Bunde mit der Sozialdemokratie die Spitze genommen. In München schießen sie Ende April/Anfang Mai 1919 die Revolutionäre der nach bolschewistischem Vorbild geschaffenen Bayerischen Räterepublik zusammen.

Wo sich Kriegsheimkehrer treffen, ist immer die Erinnerung an die gefallenen Kameraden mit dabei. So ist das auch bei der Feier am 24. Februar in Zwiesel gewesen. Deshalb ist das Gedenken auch fester Bestandteil jeglicher Veranstaltung, an der Frontkämpfer teilnehmen. Friedrich Ebert, der selbst zwei Söhne im Weltkrieg verloren hat, hat gewiss auch für viele Zwieseler gesprochen, wenn er gleich zu Beginn seiner viel beachteten Rede vom 10. Dezember 1918 neben den Kriegsversehrten der „teuren

1918 – 1939

Toten" gedacht hat: „Ach, so viele kehren nimmer wieder. Hunderttausende ruhen in Feindesland in stillen Gräbern, andere Hunderttausende mussten vor dem Ende des Kampfes zurückkehren, zerfetzt und verstümmelt von feindlichen Geschossen. Ihnen allen, die sich für den Schutz der Heimat aufgeopfert haben, unseren unauslöschlichen Dank. (...) Was wir ihnen an Taten der Dankbarkeit darbringen können, das wollen wir ihnen in Treue leisten."

Doch eben diese Treue bricht die sozialdemokratisch geführte Regierung unter Reichsministerpräsident Philipp Scheidemann aus der Sicht vieler Weltkriegskämpfer – und das, obwohl sich die Koalition nur mit der Hilfe des Heeres gegen den Ansturm ihrer Gegner auf der äußersten Linken behaupten kann. Die Soldaten fühlen sich nämlich verraten und verkauft durch die von Berlin akzeptierten, als ungeheuerlich empfundenen Versailler Friedensbedingungen mit den Reparationen, Gebietsabtretungen und Kriegsschuld-Paragrafen. Dass die Reichsregierung kaum eine andere Möglichkeit hat, als die im Juni 1919 ultimativ diktierten Bedingungen der Sieger hinzunehmen, weil sonst deren Einmarsch droht, sehen sie nicht. Stattdessen folgen einige den rechten und ganz rechten Demagogen, die es schon immer gewusst haben und die Niederlage im Weltkrieg mit dem vermeintlichen Verrat der Linken an der Heimatfront erklären und einem „Dolchstoß" in den Rücken der Front das Wort reden. Ein aus Österreich stammender Propagandaredner, der selbst Kriegsfreiwilliger war, trifft in seinen Brandreden in Munchner Wirtshäusern und Saalbauten am besten den Nerv der Weltkriegskämpfer.

Agitator. Es ist totenstill im Saalbau, wenn der ehemalige Weltkriegsgefreite Hitler seine Brandreden hält

1918 – 1939

Eine wachsende Zahl von ihnen hegt deshalb Sympathien für Hitler. Unter ihnen sind Fritz Rümmeleins Bruder Heinrich und sein ehemaliger Bataillonskommandeur Karl von Wenckstern, der einmal Soldatenrat gewesen ist. Sie hegen diese nicht, weil sie Antisemiten gewesen wären, sondern weil sie es nicht ertragen können, dass all das, was sie im Weltkrieg erleiden mussten, umsonst gewesen sein soll. Sie können es nicht fassen, dass sie die Alleinschuldigen am Krieg sein sollen; und sie wollen es nicht akzeptieren, dass Gebiete ihres Vaterlandes besetzt oder wie Westpreußen und große Teile Schlesiens sogar abgetrennt worden sind, wo sie doch noch bei Kriegsende tief in Feindesland gestanden haben. Doch am unerträglichsten ist für sie die Antwort auf die Frage, wofür eigentlich die zwei Millionen Kameraden gefallen sind.

Während viele verzweifeln, versuchen andere Weltkriegskämpfer, die bittere Wirklichkeit auf literarische Weise zu verarbeiten. Sie überhöhen das Fronterlebnis ideell. Dies geschieht in einer Flut von Schriften. Zu ihren Autoren gehören Ernst Jünger, der 1917 in Cambrai Seite an Seite mit Fritz Rümmelein gegen die Briten gekämpft hat, Franz Schauwecker und Friedrich Wilhelm Heinz. Sie und andere entwickeln auf ihrer Sinnsuche aus dem Fronterlebnis eine neue, von Glauben und Opferbereitschaft getragene Weltanschauung. So, wie sie im Graben ohne Rücksicht auf Herkunft und Stand des Einzelnen gelebt haben und gestorben sind, wollen sie diesen „Grabensozialismus" zum Muster eines künftigen Nationalismus machen, eines Nationalismus, der einen „Volksstaat" will. Der Weltkriegskämpfer, der sich geopfert hat, wird so zum Prototyp des neuen Menschen verklärt.

Die Kriegerdenkmale, die in den frühen Jahren der Weimarer Republik überall im Reich errichtet werden, wollen dem sinnlosen Massensterben einen Sinn geben, indem sie die Idee des Opferganges des deutschen Soldaten zu vermitteln suchen. So auch in Zwiesel. Das dortige, im Oktober 1922 feierlich eingeweihte Denkmal zeigt einen sterbenden Krieger, der durch seinen Tod „die heimatliche Erde" – wie es in der „Bayerischen Waldzeitung" heißt – vor den Gräueln des Krieges geschützt habe. Auf den Seitenwänden des Granitsockels stehen die Namen der Gefallenen, darunter auch der des Leutnants Fritz Rümmelein. „Mögen ihre Namen fortleben in unserer Erinnerung als Mahner und Rufer zur deutschen Einigkeit und deutscher Treue", appelliert einer der Redner an die Versammelten beim Festakt, zu dem ergreifende Gesangsdarbietungen mit dem Lied vom guten Kameraden ebenso gehören wie die Salutschüsse

Kriegerdenkmal. Auch in Zwiesel symbolisiert es den „Opfergang der Soldaten zum Schutz der heimatlichen Erde"

1918 – 1939

aus einer Kanone, die die eigentliche Enthüllung des Denkmals begleiten. Ihren Abschluss findet die Veranstaltung, an der die Jugend Zwiesels maßgeblich beteiligt ist, mit einem besonders theatralischen Akt: Weiß gekleidete Mädchen aus den Familien der Gefallenen, darunter auch die Schwester von Fritz Rümmelein, treten nach vorne und legen die Kränze der Angehörigen nieder.

Die Feier wiederholt sich fortan jährlich am Zwieseler Kriegerdenkmal. Und seit der Einführung des Volkstrauertages im Februar 1926 als Erinnerungstag für die Kriegsopfer kommen sie an jedem fünften Sonntag vor Ostern dort zusammen. So ist es jetzt in ganz Deutschland, wo zu Beginn der 20er-Jahre in jedem Dorf und in jeder Stadt Kriegerdenkmäler entstanden sind, an denen die Namen der Gefallenen verewigt sind. Doch die Erinnerungskultur beginnt sich allmählich zu wandeln. In der Zeit, in der es mit der Weimarer Republik endlich bergauf geht und mit Paul von Hindenburg der Sieger der Schlacht von Tannenberg Reichspräsident geworden ist, tritt anstelle eines teils christlich geprägten Opfermythos nun zunehmend die Heroisierung des Weltkriegskämpfers. Die Auseinandersetzung um das Reichsehrenmal, die zentrale Gedenkstätte für die Gefallenen, die nie gebaut werden wird, verdeutlicht es.

Je weiter der Große Krieg in die Vergangenheit rückt und sich die Weimarer Republik stabilisiert, desto häufiger gleichen die Soldatenbildnisse der neu errichteten Kriegerdenkmäler entschlossenen, Siegesgewissheit ausstrahlenden Kämpfern. Und nachdem die Nationalsozialisten infolge der Weltwirtschaftskrise und deren katastrophalen

Helden. Im Dritten Reich werden die Weltkriegskämpfer heroisiert, wie hier an dem 1939 entstandenen Kriegerdenkmal in Düsseldorf-Golzheim

Friedensvertrag von Versailles

Am 7. Mai 1919 wurden die Bestimmungen des Versailler Friedensvertrages der Berliner Delegation übergeben und kurz darauf der deutschen Öffentlichkeit bekannt gemacht. Über Nacht hatte damit das „Traumland der Waffenstillstandsperiode", wie der Philosoph Ernst Troeltsch die Zeit zwischen November 1918 und Mai 1919 nannte, aufgehört zu bestehen. Denn die Brutalität der Forderungen der Siegermächte, unter denen sich der französische Ministerpräsident Georges Clemenceau weitgehend durchgesetzt hatte, machte alle Hoffnungen auf einen gerechten oder wenigstens erträglichen Frieden zunichte. Mehr noch: Was aus Paris zu hören war, überstieg alle Vorstellungskraft und stürzte das hungernde Deutschland in einen mentalen Ausnahmezustand.

Mit den Worten „Welche Hand müsste nicht verdorren, die sich und uns in solche Fesseln legt" hatte der Reichsministerpräsident Philipp Scheidemann (MSPD) auf das Diktat reagiert, wonach deutsche Territorien an das wiedererstehende Polen und an den neu gegründeten tschechoslowakischen Staat sowie an Frankreich und Dänemark abgetreten werden sollten. Das war fast ein Siebtel des Reichsgebiets, auf dessen Fläche sich nicht nur sechseinhalb Millionen Menschen, sondern wichtige Schlüsselindustrien und Rohstoffressourcen befanden. Für das Reich sollten damit 25 Prozent der Steinkohle- und 50 Prozent der Eisenerzversorgung verloren gehen. Die Vertragsbedingungen sahen außerdem vor, Deutschland, das sämtliche Kolonien abzutreten hatte, militärisch zu einem Zwerg zu machen. Das Heer, der einstige Stolz der Nation, sollte hierzu auf 100 000 Mann, die Marine auf 15 000 Mann reduziert werden. Die Kriegsflotte sollte abgeliefert werden; sie entzog sich dem, indem sie sich selbst versenkte. Was die noch jungen Luftstreitkräfte betraf, so wurden lediglich 100 Seeflugzeuge und Flugboote für die Bergung von Minen zugestanden – und dies auch nur bis zum Oktober 1919. Ergänzend zu all dem sah der Vertrag die Entmilitarisierung der linksrheinischen Gebiete sowie eines 50 Kilometer breiten Streifens rechts des Rheins vor.

Darüber hinaus wurden Deutschland in dem monströsen Vertragswerk mit seinen 440 Artikeln gewaltige Sachleistungen abverlangt. Unter anderem die Lieferung von 60 Prozent der verbliebenen deutschen Kohleförderung über einen Zeitraum von zehn Jahren an die Siegermächte. Ferner sollten 90 der Handelsschiffe, fast alle modernen Lokomotiven, jedes zweite Binnenschiff sowie ein Viertel der erzeugten chemischen und pharmazeutischen Produkte abgegeben werden.

Doch auch damit wollten es die Siegermächte nicht bewenden lassen: Deutschland, dessen Verhandlungsdelegation der Zutritt zum Versailler Schloss nur über einen Nebeneingang gestattet war, sollte auch finanzielle Wiedergutmachung leisten. Auf die Höhe hatten sich die Vertreter der Siegermächte noch nicht geeinigt. Dies eilte auch nicht, denn die Besiegten mussten sowieso jegliche Entschädigungssumme – sie wird später auf 269 Milliarden Goldmark festgelegt – im Voraus akzeptieren. Denn im Artikel 231 hieß es, dass „Deutschland und seine Verbündeten als Urheber des Krieges für alle Verluste und Schäden verantwortlich sind, welche die Alliierten erlitten haben".

Die Schuld an einem Krieg festzuschreiben war ein Novum und kam einer moralischen Ächtung der Unterlegenen gleich. Den Gipfel bildete die Forderung, den Kaiser als obersten Kriegsherrn und 800 seiner Getreuen auszuliefern, um sie von einem alliierten Tribunal aburteilen zu lassen. Was die Getreuen anging, saß die Reichsregierung die Sache aus. Und was den Kaiser in seinem niederländischen Exil betraf, widersetzten sich die neutral gebliebenen Niederlande dem Auslieferungsersuchen der Entente. Mitte Juni 1919 stellten die Siegermächte ein Ultimatum und drohten, im Falle der Nichtunterzeichnung des Versailler Vertragswerkes in Deutschland einzumarschieren zu wollen. Im Interesse des Friedens stimmte nach einer dramatischen Debatte die Mehrheit der Regierungsfraktion gegen die Konservativen und Linken für die Annahme der Vertragsbedingungen. Scheidemann und sein Kabinett traten zurück. So machten sich schließlich der Außenminister der neuen Regierung, der Mehrheitssozialdemokrat Hermann Müller, und der Verkehrsminister Johannes Bell vom Zentrum auf die demütigende Reise nach Versailles, wo sie am 28. Juni 1919 im Spiegelsaal des Schlosses ihre Namen unter den Vertrag setzten. Am gleichen Ort hatte am 18. Januar 1871 die Bismarck'sche Reichsgründung mit der Proklamation des deutschen Kaisers ihren Höhepunkt erfahren.

Versailles. In einer Verhandlungspause unterhalten sich Lloyd George, Vittorio Orlando, Georges Clemenceau und Woodrow Wilson (v. l.)

Versailles-Karikatur. „Auch Sie haben ein Selbstbestimmungsrecht: Wünschen Sie, daß Ihnen die Taschen vor oder nach dem Tode ausgeleert werden", sagen die Sieger des Weltkrieges zu dem deutschen Delinquenten

1918 – 1939

Folgen für Deutschland stark geworden sind und Hitler 1933 die Macht übernommen hat, beschleunigt sich diese Entwicklung rasant. Aus dem Volkstrauertag wird 1934 der Heldengedenktag mit martialischen Aufmärschen und theatralischen Totengedenken. Aus dem Frontsoldaten des Weltkriegs wird schließlich nicht nur in der Bildhauerei der „nordische Übermensch".

Mit der Heroisierung des Frontsoldaten rückt zunehmend auch das Individuum in den Vordergrund. Der Opfermythos hat alle gleich gemacht, das Heldenideal verlangt hingegen die Hervorhebung des Einzelnen. Im Fokus stehen dabei die „Ritter der Lüfte", denn die sich rasant entwickelnde Fliegerei hat etwas Faszinierendes, insbesondere aus der Sicht der jungen Generation. Männer wie Manfred von Richthofen, den Fritz Rümmelein am Himmel über dem Artois wusste, Männer wie Max Immelmann, Oswald Boelcke oder Ernst Udet mit ihren zahlreichen Luftsiegen sind schon zu Weltkriegszeiten bewundert worden. Ihre Konterfeis sind auf Postkarten gedruckt

Kultveranstaltung. Die Zeremonie am Heldengedenktag vor der Berliner „Neuen Wache" markiert einen der Höhepunkte des braunen Festkalenders

Manfred von Richthofen. Er wird am 21. April 1918 im Luftkampf getötet

Oswald Boelcke. Er stürzt am 28. Oktober 1916 mit seinem Flieger ab

Max Immelmann. Am 18. Juni 1916 kehrt er vom Feindflug nicht zurück

Ernst Udet. Er erschießt sich am 17. November 1941

und verkauft worden. Die nationalsozialistische Propaganda greift nun diese Tendenz auf und stilisiert die Jagdflieger zu Idolen. Die Taten jener Pour le Mérite-Träger sollen eine begeisterte Jugend zur Nachahmung ermutigen. Mit ihnen soll die neue Geisteshaltung einer Jugend geschaffen werden, die „hart wie Kruppstahl, flink wie die Windhunde und zäh wie Leder" zu sein hat, um für Hitlers geplanten Krieg brauchbar zu sein – einem Krieg, der weit mehr als die Revision des Versailler Vertrages zum Ziel hat.

Die Propaganda mit den Fliegerassen greift. Die Tatsache, dass sie früh gestorben sind, tut ihr keinen Abbruch, sondern befeuert das Ganze noch, denn junges Heldentum und Tod liegen in dieser Geisteshaltung nahe beieinander. Soldaten, die sich im Weltkrieg in den traditionellen Waffengattungen wie der Infanterie Verdienste erwarben, sind für die Propagandamacher weitaus weniger interessant, fehlt ihnen doch die Verknüpfung mit der technischen Innovation. Was ist schon ein Gewehr oder ein Maschinengewehr verglichen mit einem modernen Jagdflugzeug mit 600 Pferdestärken?

Wenn der Infanterist Fritz Rümmelein dennoch in die nationalsozialistische Propaganda eingebunden werden wird, dann hat dies mit seinem Bruder Heinrich zu tun, der Zwieseler Ortsgruppenleiter der NSDAP ist. Aber es gibt noch einen zweiten Mann, der Fritz Rümmelein auf diese Art und Weise dem Vergessenwerden entreißen will. Es ist Karl von Wenckstern, sein ehemaliger Bataillonskommandeur, der es bei den Nationalsozialisten weit gebracht hat. Er ist General beim Reichsarbeitsdienst (RAD) und als Pour le Mérite-Träger selbst ein Idol in der braunen Massenorganisation.

Kriegsverherrlichung. Auf der Titelseite des Groschenhefts „Kriegskunst in Wort und Bild" steht Fritz Rümmelein im Mittelpunkt des Kampfgeschehens

Pour le Mérite-Träger. Generalarbeitsführer Karl von Wenckstern spricht vor dem Elternhaus seines ehemaligen Adjutanten

Als Heinrich, der Bruder des Gefallenen, im August 1936 dessen 40. Geburtstag zu einem Ereignis in der Zwieseler Ortsgruppe macht und mit viel Pomp eine Erinnerungstafel am Elternhaus anbringen lässt, ist der Generalarbeitsführer mit dabei. Der ordenbehangene Wenckstern hält die Rede, in der er die ruhmreichen Taten seines einstigen Adjutanten würdigt und ihn als Vorbild für die Jugend preist. Zur Einstimmung ist bereits im Juli in dem Jugendheft „Kriegskunst in Wort und Bild" eine mehrseitige Geschichte über die Heldentaten des „schneidigen Jünglings" erschienen.

Von Wenckstern belässt es nicht dabei. Jahre darauf erreicht er, dass das Reichsarbeitsdienstlager Wurchow in der Nähe von Neustettin nach seinem früheren Adjutanten benannt wird. Aus diesem Anlass reisen dessen stolze Mutter, Witwe Karolina, und dessen drei Brüder, Ortsgruppenleiter Heinrich Rümmelein, Eugen und August an die Ostsee, um in Anwesenheit von Wencksterns und des RAD-Gauführers Stark der Namensgebungsfeier beizuwohnen. Es werden Reden gehalten, in denen es um Kampf, Heldentum und Sterben geht. Und am Ende singen sie alle noch das Horst-Wessel-Lied, die eigentliche Nationalhymne in Hitlers Deutschland. In der Kampfschrift des Parteiverlages „Feldgraue Sturmvögel" und in der Presse schreiben sie über Fritz Rümmelein und über das Ereignis. In der „Bayerischen Waldzeitung" heißt es, die Reichsarbeitsdienstabteilung 8/43 sei zu einer „besonderen Feierstunde" angetreten, „bei der sie als stete Mahnung und Vorbild zu gleichem Einsatz für Volk und Heimat den Namen eines der unvergesslichen Helden des Weltkrieges, des Pour le Mérite-Trägers Fritz Rümmelein, erhalten wird". Es ist der 23. Juli 1939. Keine sechs Wochen später wird mit dem deutschen Überfall auf Polen ein zweiter Weltkrieg beginnen.

Ortsbesichtigung. Sie sind nach Wurchow gereist, wo die Reichsarbeitsdienstabteilung 8/43 den Namen „Fritz Rümmelein" erhält: Bruder August, die Mutter, Witwe Karolina, RAD-Gauführer Stark, Bruder Eugen, Generalarbeitsführer Karl von Wenckstern sowie Bruder Heinrich mit seiner Frau Elsa (v. l. n. r.)

„Die, die hier kämpften, wollten keinen Krieg"

EIN JAHRHUNDERT SPÄTER

Mahnung. Oberhalb des kleinen Dorfes Massiges haben Einwohner die alten Stellungen ausgegraben und ein Freilichtmuseum geschaffen. Sie wollen damit die Erinnerung an den Ersten Weltkrieg wachhalten

KAPITEL VIII

Auf den Spuren des Gefallenen im Nordosten Frankreichs

Die östliche Champagne zu beiden Seiten der oberen Aisne ist Bauernland: Getreidefelder, so weit das Auge reicht, sanfte Höhen und Flussauen, dazwischen kleine Dörfer mit großen Kirchen. Die Briqueterie, wie die Einheimischen die Gegend nennen, in die Fritz Rümmelein mit seinem Regiment im Herbst 1914 kam, mutet zutiefst friedlich an. Umso schwerer vorstellbar ist das, was die Soldaten vor einem Jahrhundert während der blutigen, verlustreichen Schlachten hier zu erleiden hatten.

Überbleibsel des großen Gemetzels türmen sich zu Haufen von verrostetem Eisen neben dem Wohnhaus von Albert Varoquier in dem 50-Seelen-Ort Massiges, der zu Füßen des gleichnamigen Höhenzuges liegt. Der 87-Jährige war Landwirt und hat mit seinem Vater Granatsplitter und Waffenreste aus den Feldern gepflügt, so wie sie es anderswo mit Steinen machen. Was Albert Varoquier an Wertvollerem im Verlaufe seines langen Lebens zusammengetragen hat, verwahrt er in seiner Scheune. Sie ist voll mit Stahlhelmen, von Deutschen, von Franzosen und von Kolonialsoldaten – mit und ohne Einschussloch. Granaten aller Kaliber stehen auf Regalen. Gewehre und Pistolen sind an einer Wand drapiert; und auf Tischen liegen Patronengurte, Feldflaschen und sonstiger Kriegströdel.

Zu jedem Fundstück weiß Albert Varoquier eine kleine Geschichte zu erzählen, wie die von dem Mausergewehr, an dem noch die Knochen einer Hand hingen. Über die Toten, die sie ausgegraben haben, will er nicht reden. Er meint nur: „Die Soldaten, die hier kämpften, wollten den Krieg nicht, egal, ob es Franzosen oder Deutsche waren."

Der alte Mann mit den roten Wangen und dem verschmitzten Lächeln ist etwas unruhig geworden. Er müsse jetzt zu Mittag essen und wolle nicht mit hinauf auf die Hügelkette, auf die „Main de Massiges", die tatsächlich aussieht wie eine ausgestreckte Hand. Dort oben haben Freunde von ihm vor ein paar Jahren französische Stellungen und Unterstände freigelegt. So ist allmählich ein kleines Freiluftmuseum entstanden, über dem – schon von Weitem sichtbar – die Trikolore flattert.

Schlachtfeld. Die markanten Punkte, wie der Kanonenberg (im Hintergrund), sind auch 100 Jahre später noch leicht auszumachen

Stielhandgranate. Albert Varoquier hat Tonnen verrosteten Kriegsmaterials aus der Erde geholt

Eierhandgranaten. Die Scheune des ehemaligen Landwirts aus Massiges gleicht einem Weltkriegsmuseum

Freilichtmuseum I. Die Betreiber haben die alten Stellungen auf der „Höhe 191" originalgetreu hergerichtet

Freilichtmuseum II. Zwei Krater, die die Deutschen 1915 in den Hügel gesprengt haben, sind noch gut zu erkennen

EIN JAHRHUNDERT SPÄTER

Zu der Anlage gehören auch zwei gewaltige Krater unmittelbar vor den Gräben. Deutsche Mineure – so steht auf einer Tafel zu lesen – hätten Stollen in den Berg getrieben, diese mit sechs Tonnen Dynamit verfüllt und damit eine gewaltige Detonation ausgelöst. Allem Anschein nach handelt es sich um die Höhe 191, bei deren Erstürmung im Januar 1915 – die mit einer solchen Sprengung eingeleitet wurde – Fritz Rümmelein dabei war. In einem Unterstand des Freilichtmuseums findet sich schließlich ein Lageplan, der die Vermutung bestätigt.

Von der Höhe 191 eröffnet sich der Blick hinüber zum Kanonenberg, wie die deutschen Soldaten den steil abfallenden Hügel nannten. Etwas nördlich davon lässt sich Cernay-en-Dormois ausmachen, vor dessen Kirchenruine sich Fritz fotografieren ließ. Aus den Trümmern des alten Gotteshauses ist ein neues entstanden, ein Mix aus verschiedenen Stilrichtungen. Im nahen, ebenfalls schwer zerstörten Dorf Autry, das im Jahr 1918 zum Schlachtfeld wurde, sind die Wunden des Krieges besser verheilt.

Die Mairie, wie die Franzosen zum Bürgermeisteramt sagen, ist in Autry das Ziel, denn dort sollen sich Überreste des am kleinen Bahnhof des Ortes gelegenen deutschen Truppenlagers „Saalburg" befinden. Doch das Amt ist geschlossen. Eine Passantin erklärt, dass der Bürgermeister der Bauer am Ortsausgang sei. Und wie der Zufall

Stilmix. Die beim deutschen Vormarsch zerstörte Kirche von Cernay-en-Dormois ist aus den Trümmern der alten wiedererstanden

Monsieur Boxebeld. Der Bürgermeister von Autry steht vor einem Plan des „Saalburg"-Lagers

Sichtsperre. In Challerange könnte man fast meinen, die Zeit sei stehen geblieben

es will, braust der gerade mit seinem Traktor vorbei, um ein paar Kühe auf die Weide zu bringen.

Eine halbe Stunde später sperrt Pascal Boxebeld die Tür zur Mairie auf und führt die Besucher in den ersten Stock. Er zeigt auf einen großen, auf Holz gemalten Plan des deutschen Truppenlagers. Er soll am Eingangstor der „Saalburg" zur Orientierung für die Soldaten gehangen haben. Mehr könne er dazu nicht sagen. Er kenne sich mit der Geschichte nicht so aus, sagt Monsieur Boxebeld. Von dem ehemaligen Truppenlager, in dem Fritz Rümmelein mit seinem Bataillon zum Jahreswechsel 1915/16 weilte, ist – abgesehen von ein paar Bunkerresten – nichts mehr zu sehen.

Weiter geht es nach Challerange, das im Ersten Weltkrieg unzerstört blieb. Wäre dort nicht ein Carrefour-Supermarkt, könnte man meinen, die Zeit sei in dem kleinen Ort stehen geblieben. Nicht viel anders ist es in Savigny-sur-Aisne oder im ebenfalls an dem Fluss gelegenen Brécy-Brières, wo der Bataillonsstab und damit auch Fritz Rümmelein immer wieder während der Kampfpausen untergebracht war. Das Schloss im nur einen Steinwurf von Brécy entfernten Olizy ist abgerissen worden. In diesem befand sich das Offizierskasino, wo Fritz Rümmelein so manche Freundschaft schloss, unter anderem mit Hermann Pauli.

Ohne Pferd. Auf den ersten Blick hat sich auch in Savigny-sur-Aisne – abgesehen vom Kriegerdenkmal – in den letzten 100 Jahren recht wenig verändert

Aisne-Ufer. Bei Brécy-Brières sieht es noch genauso aus wie auf den Fotos von Fritz Rümmelein

Kriegsgräberstätte. Hermann Paulis sterbliche Überreste wurden 1922 auf dem deutschen Soldatenfriedhof Séchault zur allerletzten Ruhe gebettet

Der Jägerleutnant fiel während der französischen Herbstoffensive am 3. Oktober 1915. Sein Grab befindet sich auf dem deutschen Soldatenfriedhof von Séchault, einer weitflächigen Anlage, auf der unter alten Eichen zwischen den gusseisernen Kreuzen Butterblumen und Vergissmeinnicht wachsen. Im nahen Servon liegen viele Kameraden von Fritz Rümmelein, die bei dem Gefecht bei Ville-sur-Tourbe im Mai 1915 starben. Servon und Séchault sind mit Souain die drei Soldatenfriedhöfe des Volksbundes Deutscher Kriegsgräberfürsorge in der Gegend. Insgesamt ruhen auf ihnen 28 422 Gefallene – die allermeisten von ihnen als Namenlose.

EIN JAHRHUNDERT SPÄTER

Vom Land an der oberen Aisne zum Festungsgürtel von Verdun im Osten sind es etwa 60 Kilometer. Die Spur Fritz Rümmeleins, dessen Einheit im Sommer 1916 dorthin verlegte, führt über die Dörfer Landres, Bertrameix, Domprix, Haucourt, Houdelaucourt-sur-Othain, Vaudoncourt, Loisson nach Ornes. Nur noch eine Kapelle und eine Informationstafel existieren von dem „Village détruit" (zerstörten Dorf). Etwas südwestlich von Ornes liegt die Doppelhöhe 307/310, von der Fritz Rümmelein erstmals den Blick auf das Schlachtfeld vor Verdun warf. Dies ist heute nicht mehr möglich, denn die Höhen sind bewaldet, wie nahezu das ganze Gebiet um Verdun, was die Orientierung schwer macht.

In Richtung Fort Vaux liegt ein weiteres „Village détruit". Es ist Bezonvaux. Dort, wo das Dorf stand, ist heute eine bemooste Kraterlandschaft, aus der sich der Hochwald erhebt. Zwischen den Bäumen finden sich noch einige Fundamente, verrostete Gerätschaften der Dörfler und ein paar Schienen, auf denen die Kanoniere mit Loren die Granaten für die Geschützstellungen heranschafften, mit denen sie auch Vaux beschossen. Das Panzerfort mit seinen ramponierten Geschütztürmen und Kasematten, von dessen höchster Stelle einmal mehr die Trikolore weht, ist nie ganz zerstört worden. Und es ist auch nicht erobert worden. Die französische Besatzung musste im Juni 1916 kapitulieren, weil sie kurz vor dem Verdursten war.

Auch im Fort Douaumont gab es bis zuletzt intakte Kasematten. Es wurde gleich zu Beginn der deutschen Offensive am 25. Februar im Handstreich genommen, blieb aber im Verlauf der folgenden Monate einer der Brennpunkte der Schlacht um Verdun. 679 gefallene deutsche Soldaten ruhen heute noch im Fort. Sie konnten nicht begraben werden, weshalb man sich entschied, sie einzumauern. Ein schlichtes Holzkreuz an der Stelle erinnert an sie.

Das Beinhaus (Ossuaire) von Douaumont, die nationale Gedenkstätte Frankreichs mit ihrem 46 Meter hohen Turm und dem Soldatenfriedhof davor, derjenige Ort, an dem Bundeskanzler Helmut Kohl und Staatspräsident François Mitterrand im September 1984 Hand in Hand gestanden haben, ist für die meisten Besucher Verduns die weitaus größere Attraktion. In den Knochenkammern des Ossuaire, das nach zwölfjähriger Bauzeit 1932 fertiggestellt wurde, liegen die Gebeine von mehr als 130 000 toten französischen und deutschen Soldaten. Es sind die Überreste all der namenlosen Gefallenen, die man im Festungsgürtel vor Verdun gefunden hat. Vor Jah-

Gedenkort. Hier stand einmal das Dorf Bezonvaux, an das dieses Kreuz erinnert

Heldenplatz. Über der Ruine des Panzerforts Vaux, einem der meistbesuchten Orte des ehemaligen Festungsgürtels von Verdun, weht die Trikolore

Ausguck. Die Kuppel auf einem der Werke des Forts ist aus Gusseisen

Schießscharte. Der Stahlbeton von Vaux ist meterdick

EIN JAHRHUNDERT SPÄTER

ren ließ man die Besucher noch hinunter, um das Grauen erlebbar zu machen. Heute ist dies nicht mehr möglich.

Verdun ist für die meisten Franzosen ein geweihter, fast heiliger Ort. Doch nicht nur das: Verdun, wo im Jahr 843 mit der Teilung des Frankenreiches die Wiege der französischen Nation stand, ist neben der Marne das Symbol der Selbstbehauptung und letztendlich des Sieges über das Deutsche Kaiserreich. Frei von Makeln ist dieser Sieg und damit im Gegensatz zum Zweiten Weltkrieg, in dem nach der schnellen Niederwerfung Frankreichs im Sommer 1940 ein Teil des Landes mit Hitler-Deutschland kollaborierte. Es ist der Sieg eines gesamten Volkes, und damit ist er für das Selbstverständnis der Grande Nation umso bedeutender. Nicht zuletzt deshalb ist der Erste Weltkrieg und nicht der Zweite für die Franzosen der Grande Guerre, der „Große Krieg", geblieben.

Während jedes französische Schulkind von der Schlacht um Verdun und vom Heldenkampf der Panzerforts Vaux und Douaumont weiß, ist das Ringen um den 20 Kilometer östlich von Reims gelegenen Mont Cornillet nur eines von vielen Ereignis-

Wallfahrtsort. Im Beinhaus von Douaumont ruhen 130 000 unbekannte Soldaten, auf dem davorliegenden Friedhof noch einmal 17 000 Franzosen

Friedhofskapelle. Vom Ort Nauroy existiert sonst nichts mehr

sen zwischen 1914 und 1918. Der Weg zum Todesberg führt über Beine-Nauroy. Der Ort, den die deutschen Soldaten „Knochenburg" nannten, hieß zu Fritz Rümmeleins Zeiten nur Beine. In den 50er-Jahren des letzten Jahrhunderts fügte man das Nauroy hinzu. Es ist das Nachbardorf gewesen, das an der Front lag und an das auf diese Weise erinnert werden soll. Denn Nauroy existiert nicht mehr. In der Region um Reims wollte man so die im Weltkrieg ausgelöschten Orte vor dem Vergessenwerden bewahren.

Ein Wegweiser führt zu der Stelle, an der Nauroy einmal gestanden hat. Eine Kapelle, ein zerschossener, von einer Backsteinmauer umgebener Friedhof mit zerbrochenen Grabsteinen, viel zugewachsener Schutt, das ist alles, was neben einer Informationstafel dort noch vorzufinden ist. Auf dieser wird die Geschichte des Dorfes dokumentiert. Die verblichenen Aufnahmen zeigen auch den Mont Cornillet, zu dessen Füßen Nauroy lag. Wie eine Mondlandschaft sah der Hügel im Jahre 1917 aus, als Fritz Rümmelein dort kämpfte und verschüttet wurde.

Mehrere Tausend Soldaten sind an dem Todesberg gefallen, und niemand weiß so recht, wie viele dort noch liegen. In den Sommern der Jahre 1974 und 1975 haben französische Pioniere und deutsche Gebirgspioniere in einer gemeinsamen Aktion

EIN JAHRHUNDERT SPÄTER

noch einmal Gefallene aus den Stollen des Kreidebergwerks im Inneren des Cornillets geborgen. Die letzten von ihnen wurden im Jahr darauf auf dem deutschen Soldatenfriedhof in Warmeriville – fast in Sichtweite des Cornillets – begraben. Dabei waren neben viel Prominenz aus Militär und Verwaltung noch einige hochbetagte Veteranen aus beiden Ländern, die an dem Berg kämpften.

Auch heute ist der Mont Cornillet unter der Kontrolle des Militärs. Und geschossen wird dort auch noch. Denn das gesamte Gelände ist Sperrgebiet, auf dem die französischen Streitkräfte üben. Schilder und Drahtzäune links der Straße, die an seinem Westhang entlangführt, weisen darauf hin, dass hier Lebensgefahr besteht.

Rechts der Straße tut sich dem Auge des Besuchers die Ebene vor Reims auf. Am Horizont zeichnen sich die Konturen der Metropole der Region Champagne-Ardenne

Sperrgebiet. Auf dem einst erbittert umkämpften Mont Cornillet (im Hintergrund) übt heute das französische Militär

EIN JAHRHUNDERT SPÄTER

ab. Die Stadt, die heute 180 000 Einwohner zählt, wurde während des schnellen deutschen Vormarsches im August/September 1914 sechs Tage lang besetzt, ohne dass es zu größeren Kämpfen kam. Wie ein Wunder mutete es damals für die Reimser an, als ihre Stadt plötzlich wieder von den Besatzern geräumt wurde. Doch für die Einwohner kam es jetzt weitaus schlimmer, denn die Deutschen zogen sich auf die nördlich der Stadt gelegenen Forts des Reimser Festungsrings zurück. In französischem Besitz befanden sich nur noch die südlicheren Forts Montbré und Pompelle, in dem heute ein Kriegsmuseum untergebracht ist. Reims blieb somit wegen der erstarrten Fronten bis 1918 im Kampfgebiet und wurde durch jahrelangen Artilleriebeschuss zu 60 Prozent zerstört.

Auch die prächtige gotische Kathedrale Notre Dame de Reims, der Krönungsort der französischen Könige, erhielt schwere Treffer. Im Juli 1962 haben dort der deutsche Bundeskanzler Konrad Adenauer und der französische Staatspräsident Charles de Gaulle mit ihrer Umarmung nach drei Kriegen die „Erbfeindschaft" beendet und die Freundschaft beider Völker symbolisch begründet. Wer die Schlachtfelder von Verdun und der Champagne mit ihren Soldatenfriedhöfen gesehen hat, der kann ermessen, welch historische Leistung das war.

40 Kilometer nordöstlich von Reims liegt das Dorf Neuflize, wo sich das 3. Bataillon des 87. Reserve-Infanterie-Regiments nach den schweren Kämpfen am Cornillet im Sommer 1917 auffrischte. Das prächtige Château, das Fritz Rümmelein vor einem knappen Jahrhundert fotografiert hat, als er dort mit dem Bataillonsstab einquartiert war, sucht man jedoch vergebens. Ein Bauer weiß zu berichten, dass es im Krieg zerstört wurde – aber nicht im Grande Guerre, sondern im Deuxième Guerre mondiale, also im Zweiten Weltkrieg. Er erklärt noch, wo es gestanden hat: Geradeaus, an der Kirche vorbei, auf der linken Seite, dort, wo die große Toreinfahrt sei. Hinter dieser, im einstigen Schlosspark, stehen ein paar Einfamilienhäuser. Nur noch die uralten Linden und der Teich mit den Seerosen lassen erahnen, dass hier einmal ein Adelssitz gewesen war. Die Zeit ist darüber hinweggegangen.

Die Landschaft um Neuflize bis hinauf nach Rethel und damit bis zur Aisne ist eben. Erst weiter im Westen bei Laon wird dies anders. Dort beginnt die Hügelkette, die als „Chemin des Dames" in die Geschichte des Ersten Weltkriegs einging; denn hier war einer der Brennpunkte des Krieges im Westen. Am östlichen Ende des „Damenwegs", etwas südlich von Laon, stand die Einheit von Fritz Rümmelein im Herbst

Staatsbesitz. Heute arbeiten im Schloss Mailly unweit Laon Kunsthandwerker aus der Region

1917. Er hatte sie suchen müssen, weil die Verlegung während seines Heimaturlaubs erfolgt war. Wer mit seinem Tagebuch in der Hand heute seinen Spuren folgt, kommt durch verschlafene Dörfer wie Presles-et-Thierny, Nouvion-le-Vineux und Laval-en-Laonnois. Sie alle haben ihr äußeres Gesicht in den letzten 100 Jahren kaum verändert, wie uralte Postkarten belegen. Ihre Einwohnerzahl ist allerdings kleiner geworden. Es ist hier wie vielerorts in den ländlichen Gebieten Europas: Die Jungen gehen in die Städte, und nur die Alten bleiben.

Hinter Laval-en-Laonnois beginnt der Wald von Urcel. Es ist ein wilder Wald mit düsteren Wegen und Trampelpfaden. Einer von ihnen führt an einem Jagdhaus vorbei zu einem eingezäunten parkähnlichen Areal, auf dem das Schloss von Mailly steht. Der freundliche Hausmeister erklärt dem Besucher, was es mit dem gut restaurierten Château mit seinem Nebengebäude auf sich hat. Es sei eine Einrichtung der Region, in der das Kunsthandwerk des Gebiets gefördert werde.

Dreimal stand Schloss Mailly im Schatten deutsch-französischer Kriege. Wie aus einer alten Chronik hervorgeht, nahmen im Oktober 1870 ein Landwehr-Bataillon

Fixpunkt. Am Bourlon-Wald (im Hintergrund) liegt neben einem kanadischen Soldatenfriedhof auch der „Canadian Battlefield Memorial Park"

und 400 blaue Dragoner aus Mecklenburg im Château Quartier und arretierten kurzerhand den Eigentümer, einen gewissen Monsieur M. Nachet. Im Herbst 1917 zog dann der Stab des 3. Bataillons des Hessischen 87. Reserve-Infanterie-Regiments ein, zu dem Fritz Rümmelein aus dem Heimaturlaub zurückkehrte. Die Soldaten hausten damals im Kellergewölbe, lag doch die Gegend um Mailly unter schwerem Artilleriebeschuss. Die Schrapnelleinschläge der explodierenden Granaten sind im Mauerwerk der Schlosskapelle noch gut zu sehen. Im Jahr 1944, nachdem die Amerikaner in der Normandie gelandet waren und sich die Front unaufhaltsam in Richtung Reichsgrenzen verschob, war in Mailly eine Kommandostelle der Wehrmacht untergebracht. Aus dieser Zeit stammt auch der Hochbunker neben dem Château, der mit Weinlaub und Efeu so umrankt ist, dass er als solcher erst auf den zweiten Blick zu erkennen ist.

Schließlich führt die Spur Fritz Rümmeleins hinauf ins Artois, in jene Landschaft, in der die Mechanisierung des Ersten Weltkriegs mit dem ersten großen Panzerangriff der Geschichte im November 1917 einen schaurigen Höhepunkt erfuhr. Ziel des Angriffs waren die deutschen Stellungen am Bourlon-Wald gut zehn Kilometer westlich des wichtigen Verkehrsknotenpunktes Cambrai. Die bewaldete Anhöhe zeichnet sich schon aus größerer Entfernung am Horizont ab und ist unschwer als einer der strate-

EIN JAHRHUNDERT SPÄTER

gisch wichtigen Punkte der deutschen Verteidigungslinie vor Cambrai auszumachen, die Siegfriedstellung.

Am Nordhang des Bourlon-Waldes, über den Ernst Jünger in den „Stahlgewittern" schrieb, liegt der gleichnamige, verschlafene Ort. Nur vor der Mairie ist etwas Leben. Dort stehen einige ältere Leute vor einem Omnibus. Es sind Touristen aus Kanada, die den Soldatenfriedhof ihrer Landsleute und den terrassenförmig angelegten, von alten Ahornbäumen umstandenen „Canadian Battlefield Memorial Park" am Ortsrand besuchen wollen.

Zwei Kilometer westlich von Bourlon tuckern derweil die Frachtkähne durch den Canal du Nord, über den eine alte Eisenträgerbrücke in den damals hart umkämpften Ort Moeuvres führt. Wo Fritz Rümmelein seine Bilder von den zerschossenen britischen Tanks machte, weiden heute Kühe. Und auf der anderen Seite des Kanals, in dem Dorf Moeuvres, ist der Grande Guerre nur noch durch die zumeist aus den angelsächsischen Ländern anreisenden Schlachtfeldtouristen im Bewusstsein geblieben.

Das Artois ist ein weites Land mit Weiden und Kornfeldern, an deren Rainen im Frühjahr roter Mohn blüht – derselbe rote Mohn, den der kanadische Militärarzt und Artillerie-Commander Major John McCrae in seinem bekannten Kriegsgedicht

Relikt. Der zerschossene Mark IV-Tank, der in der Schlacht von Cambrais zum Einsatz kam, steht heute im Museum in Flesquieres

Symbol. Die rote Mohnblume, hier auf einem Getreidefeld vor Moeuvres, steht in der angelsächsischen Welt für die Erinnerung an den Ersten Weltkrieg

Ortsschild. Orsinval mit seinen 456 Einwohnern ist ein typisches Dorf im Artois

„In Flanders Fields" im Zusammenhang mit dem Soldatentod eines Kameraden thematisierte. Seine Verse wurden in der englischsprachigen Welt zum Symbol der Erinnerung an den Ersten Weltkrieg. Rote Mohnblumen aus Papier zieren dann auch den Kranz eines englischen Veteranenverbandes auf dem Friedhof von Rocquigny-Equancourt, wo die Commonwealth-Soldaten begraben sind, die dort im Kampf gegen Fritz Rümmeleins Einheit in der großen Schlacht um Frankreich im Frühjahr 1918 fielen.

Die Spur des Bataillonsadjutanten führt von Rocquigny wieder zurück nach Cambrai, das im August 1918 von den deutschen Truppen geräumt wurde, und von dort weiter nach Villers-en-Cauchies. Hier hatte Fritz Rümmelein im todesmutigen Kampf die überlegenen Angreifer aufgehalten und somit den geordneten Rückzug seines und anderer Regimenter ermöglicht. Alles endet schließlich südöstlich von Valenciennes in einem Nest namens Orsinval. In dem 456-Seelen-Dorf, das von einer viel befahrenen Schnellstraße in zwei Hälften zerschnitten wird, war seit Ende Oktober 1918 der Gefechtsstand seines Bataillons im Keller eines Hauses untergebracht. Wo sich dieser Keller befand, in dem Fritz Rümmelein die Nachricht erhielt, dass er mit dem Pour le Mérite ausgezeichnet wurde, weiß niemand. Und wo die Gräben verliefen, durch die er in jener schicksalhaften Nacht zum 4. November mit zwei Kameraden zum Gefechtsstand einer benachbarten Einheit eilte, auch nicht. So lässt es sich nicht mehr in Erfahrung bringen, wo sein Leben ausgelöscht wurde. Irgendwo am nördlichen Ausgang des Ortes, hieß es.

Inschrift. In der Gruft darunter ist Fritz Rümmelein bestattet worden

Erinnerungstafel. Sie ist am Zwieseler Elternhaus des Gefallenen angebracht

Neffe. Fritz Rümmelein zeigt das Foto seines Vaters (r.) und dessen Brüdern

Nichte. Barbara Seemann mit Fotos und Feldpostbriefen ihres Onkels

Ortswechsel: In Zwiesel, wohin der 23-Jährige überführt wurde und wo er seine letzte Ruhe fand, erinnert neben der Inschrift über der Familiengruft der Rümmeleins ein kleiner Weg in einem Neubaugebiet an den Gefallenen. Und da ist noch die steinerne Tafel an seinem Elternhaus. Seine Nichte Barbara Seemann, die mit ihrem Mann in dem Haus wohnt, hat sie im Zuge von Sanierungsarbeiten an dem Gebäude restaurieren und wieder anbringen lassen. Sie behält „Onkel Fritz" in ehrender Erinnerung. Das Gleiche tut sein Neffe und Namensvetter im oberfränkischen Hof. Sie haben Fritz Rümmelein nicht gekannt, dessen Lebensgeschichte für sie umso anrührender ist.

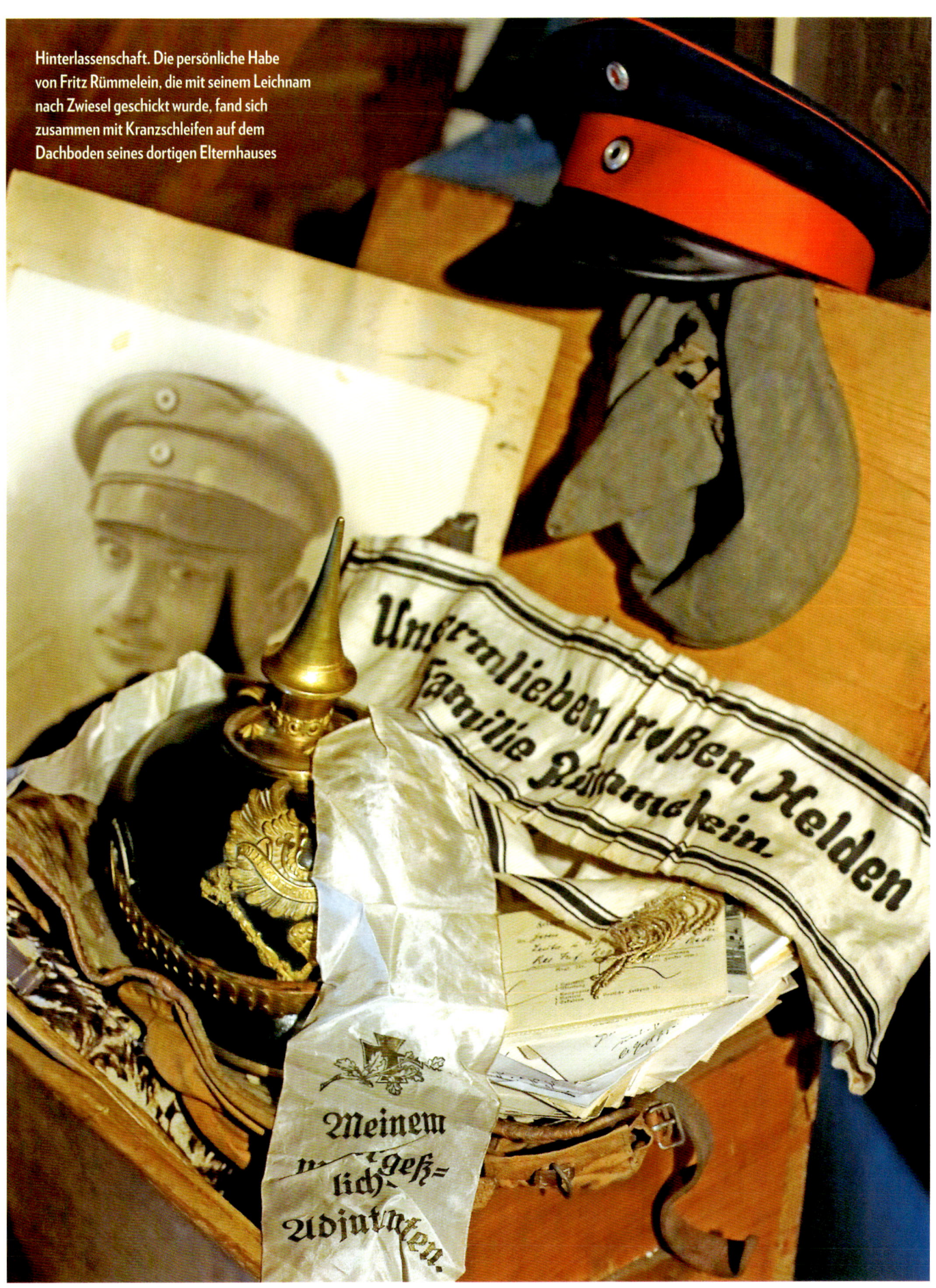

Hinterlassenschaft. Die persönliche Habe von Fritz Rümmelein, die mit seinem Leichnam nach Zwiesel geschickt wurde, fand sich zusammen mit Kranzschleifen auf dem Dachboden seines dortigen Elternhauses

Anhang
KARTEN, NAMENS- UND ORTSREGISTER

Stadtarchiv Zwiesel. Hier fanden sich Fotos und Unterlagen zur Beerdigung von Fritz Rümmelein

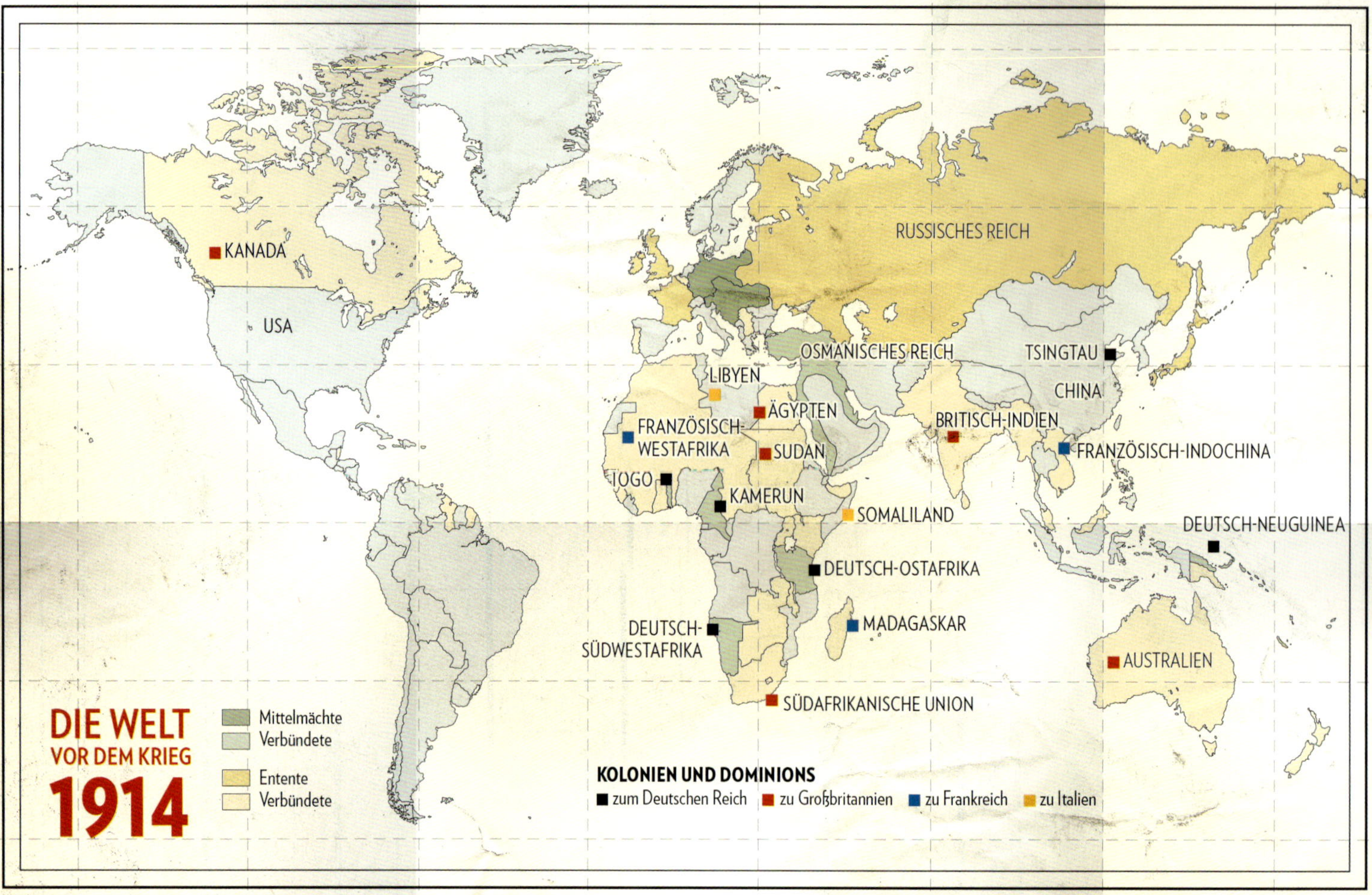

DIE WELT VOR DEM KRIEG 1914

- Mittelmächte
- Verbündete
- Entente
- Verbündete

KOLONIEN UND DOMINIONS
- ■ zum Deutschen Reich
- ■ zu Großbritannien
- ■ zu Frankreich
- ■ zu Italien

Labels: KANADA, USA, RUSSISCHES REICH, OSMANISCHES REICH, LIBYEN, ÄGYPTEN, FRANZÖSISCH-WESTAFRIKA, SUDAN, BRITISCH-INDIEN, TSINGTAU, CHINA, FRANZÖSISCH-INDOCHINA, TOGO, KAMERUN, SOMALILAND, DEUTSCH-OSTAFRIKA, DEUTSCH-NEUGUINEA, DEUTSCH-SÜDWESTAFRIKA, MADAGASKAR, SÜDAFRIKANISCHE UNION, AUSTRALIEN

EUROPA VOR DEM KRIEG 1914

- Mittelmächte
- Verbündete
- Entente
- Verbündete

Labels: GROSSBRITANNIEN, Nordsee, London, BELGIEN, Paris, FRANKREICH, SPANIEN, Mittelmeer, ITALIEN, Königsberg, Danzig, Berlin, DEUTSCHES REICH, Prag, Wien, Budapest, ÖSTERREICH-UNGARN, MONTENEGRO, Sarajevo, SERBIEN, RUMÄNIEN, BULGARIEN, GRIECHENLAND, Konstantinopel, OSMANISCHES REICH, Schwarzes Meer, Sankt Petersburg, Riga, Minsk, Warschau, Kiew, RUSSISCHES REICH

300 km

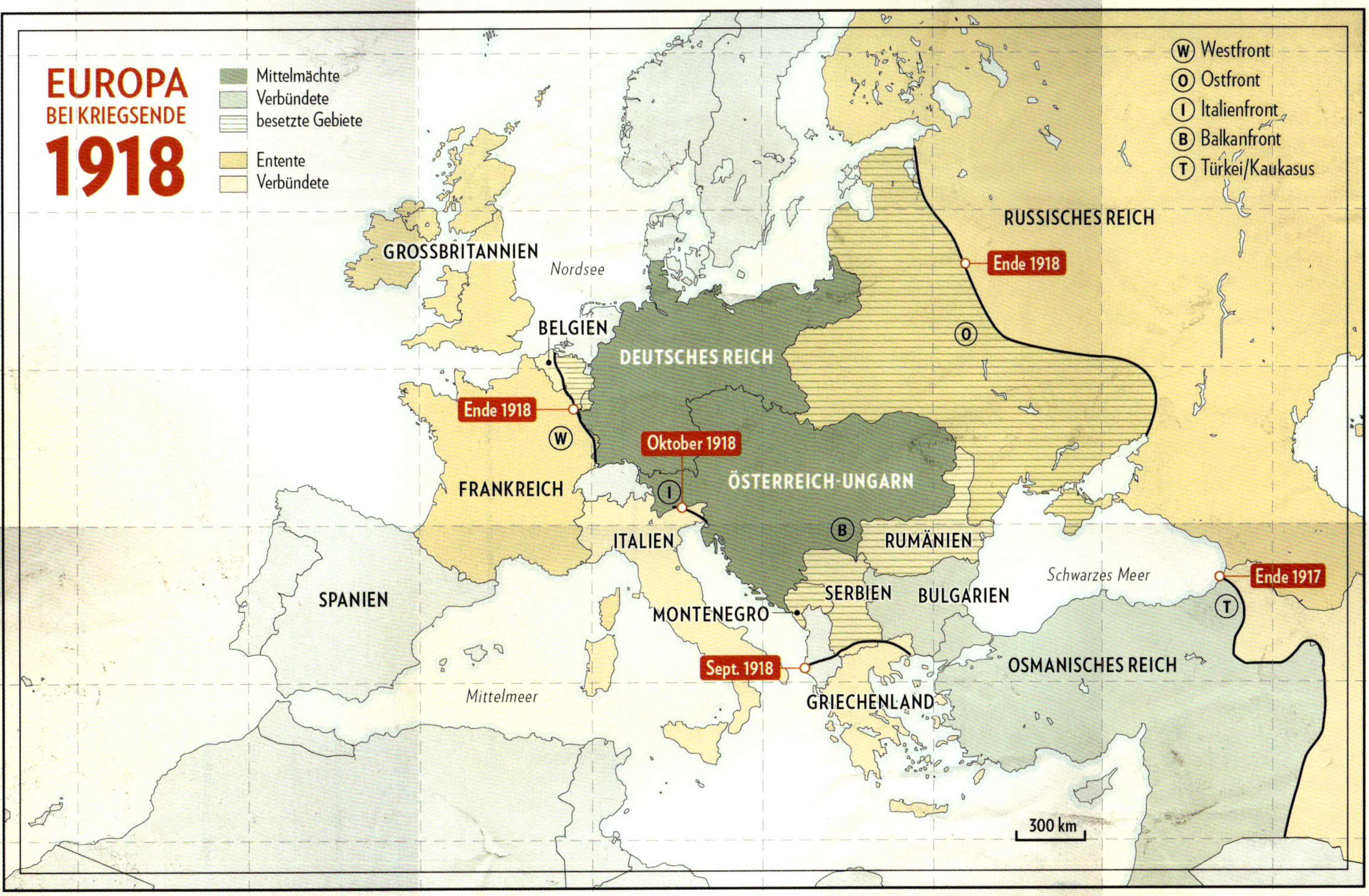

EUROPA BEI KRIEGSENDE 1918

Legende:
- Mittelmächte
- Verbündete
- besetzte Gebiete
- Entente
- Verbündete

- W Westfront
- O Ostfront
- I Italienfront
- B Balkanfront
- T Türkei/Kaukasus

Beschriftungen: GROSSBRITANNIEN, Nordsee, BELGIEN, DEUTSCHES REICH, RUSSISCHES REICH, Ende 1918 (O), Ende 1918 (W), Oktober 1918 (I), FRANKREICH, ÖSTERREICH-UNGARN, ITALIEN, RUMÄNIEN, SPANIEN, MONTENEGRO, SERBIEN, BULGARIEN, Schwarzes Meer, Ende 1917 (T), Sept. 1918, GRIECHENLAND, OSMANISCHES REICH, Mittelmeer

300 km

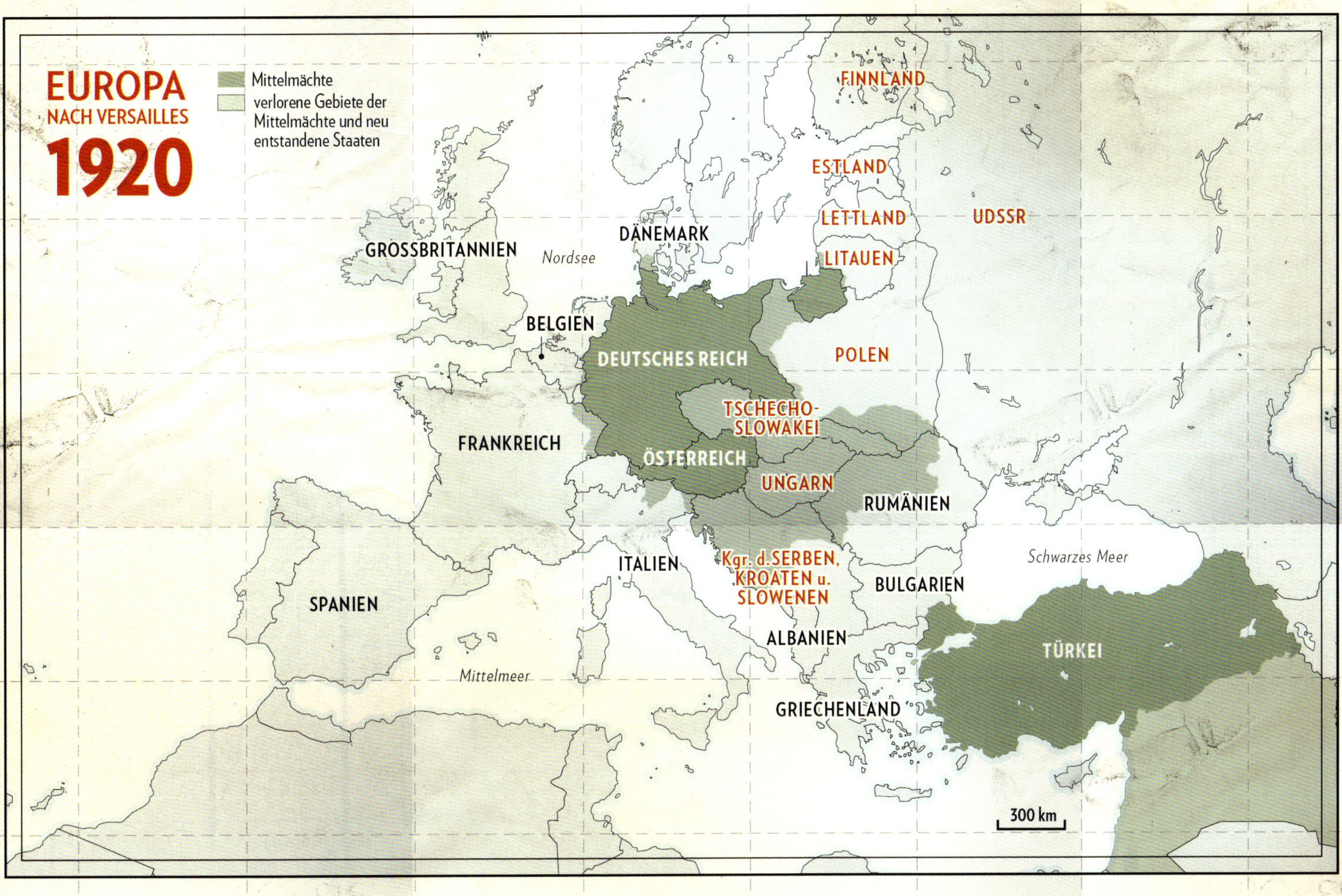

EUROPA NACH VERSAILLES 1920

Legende:
- Mittelmächte
- verlorene Gebiete der Mittelmächte und neu entstandene Staaten

Beschriftungen: FINNLAND, ESTLAND, LETTLAND, UDSSR, LITAUEN, DÄNEMARK, GROSSBRITANNIEN, Nordsee, BELGIEN, DEUTSCHES REICH, POLEN, FRANKREICH, TSCHECHO-SLOWAKEI, ÖSTERREICH, UNGARN, RUMÄNIEN, ITALIEN, Kgr. d. SERBEN, KROATEN u. SLOWENEN, Schwarzes Meer, BULGARIEN, SPANIEN, ALBANIEN, TÜRKEI, Mittelmeer, GRIECHENLAND

300 km

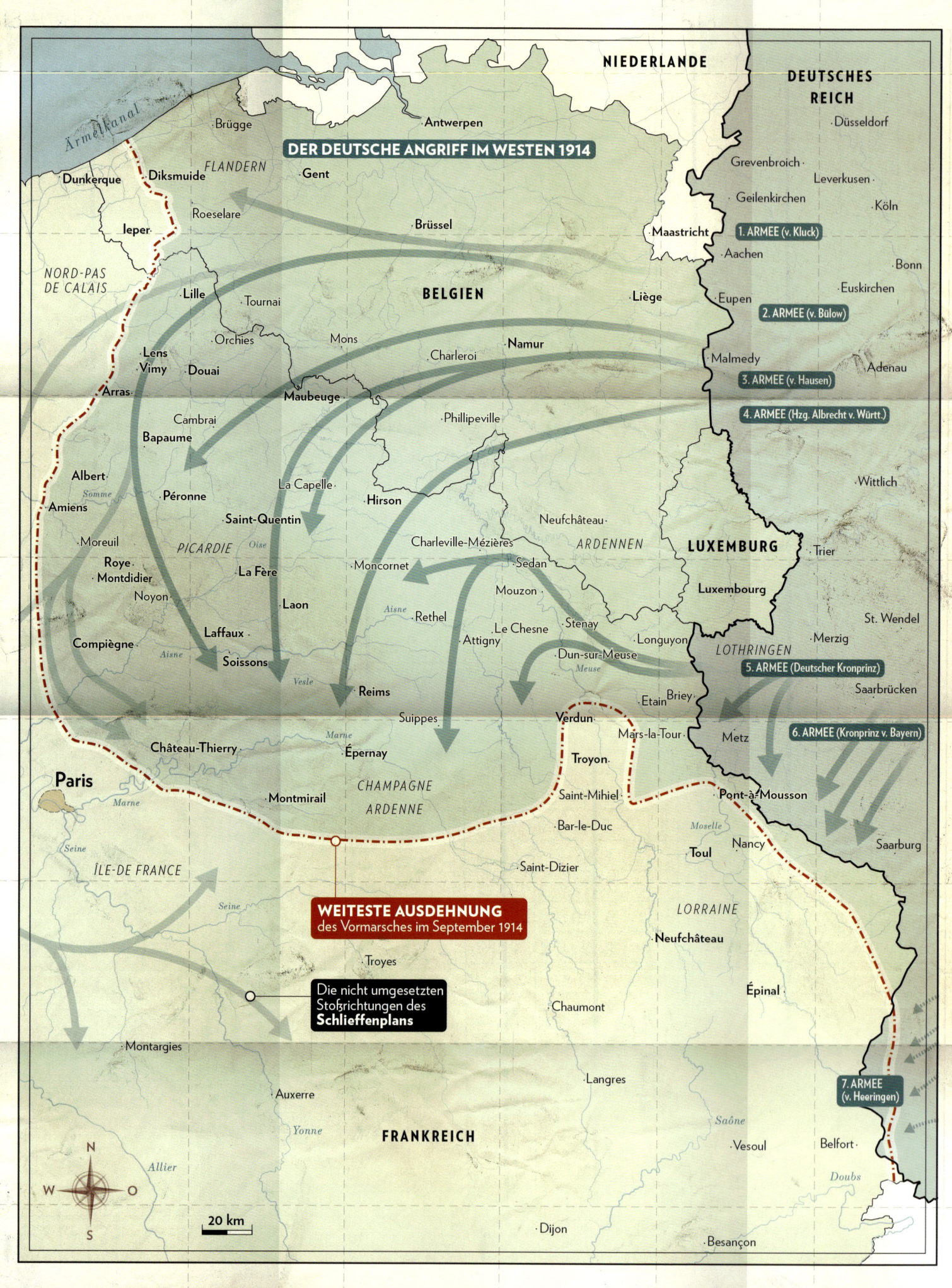

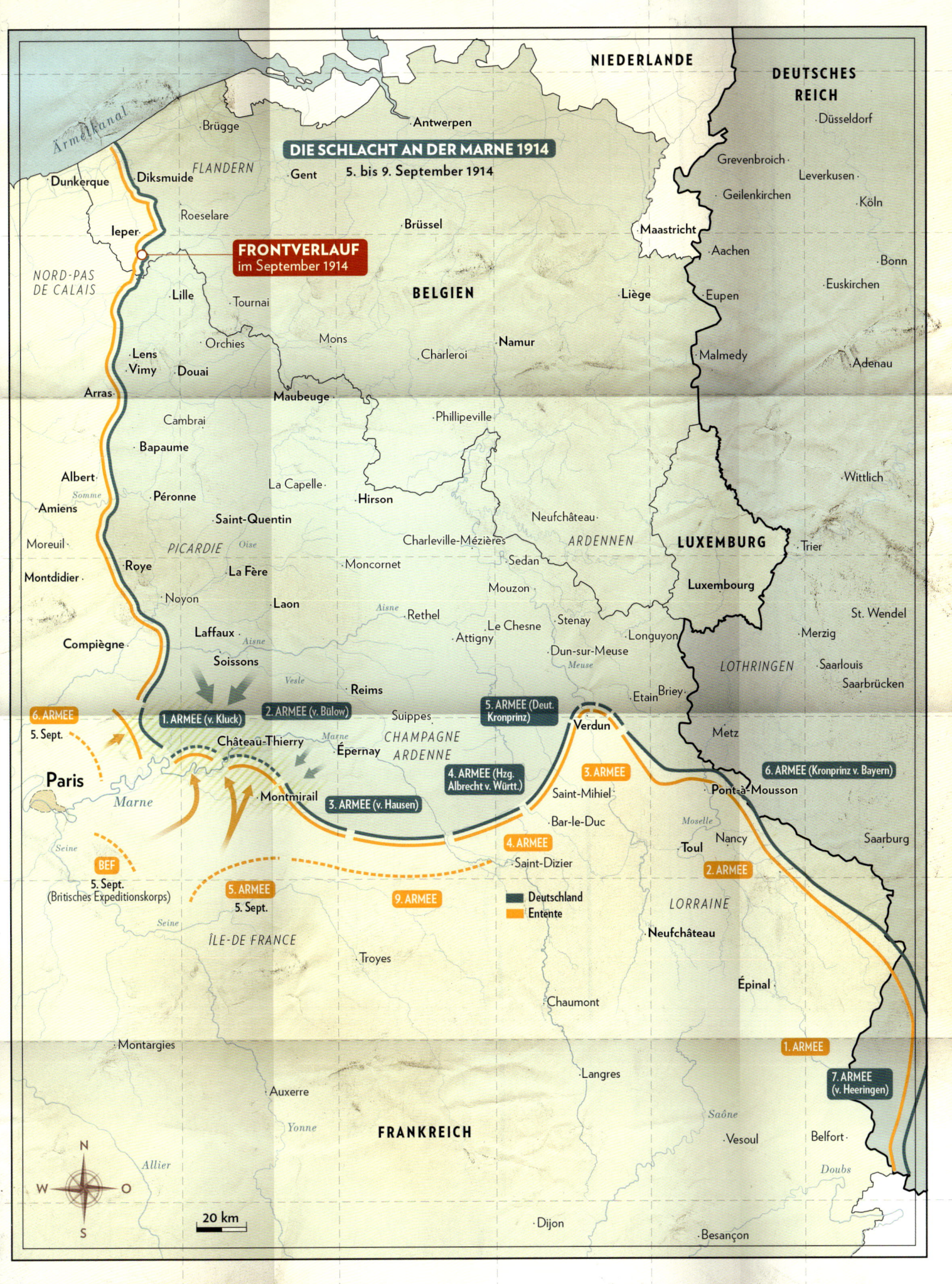

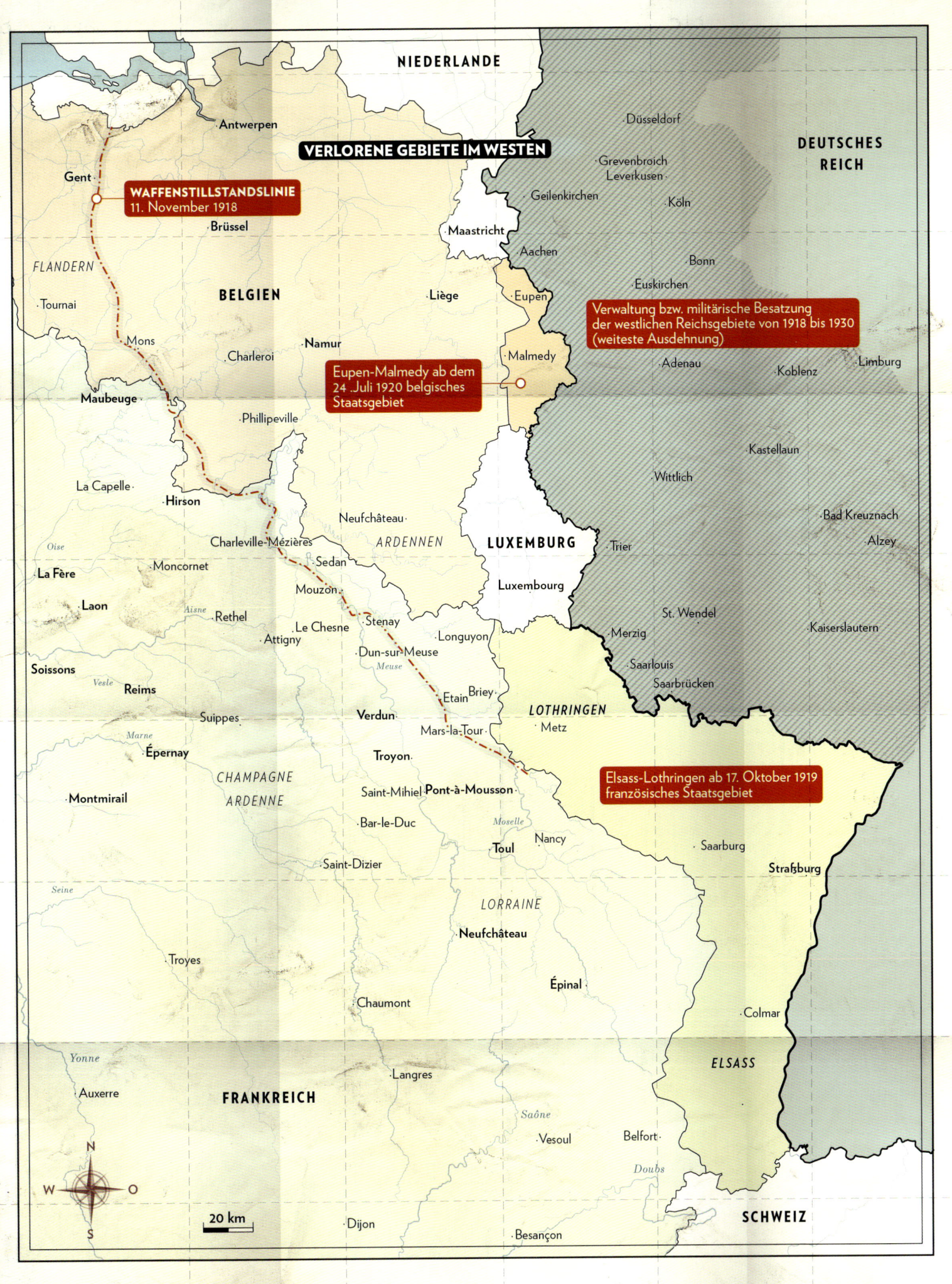

Dank

Unser Dank gilt vor allem Frau Barbara Seemann, der Zwieseler Nichte des Gefallenen, die viele Feldpostbriefe und -karten sowie Fotografien zu diesem Buch beisteuerte und darüber hinaus eine Fülle wichtiger Hinweise gab. Auch seinem Neffen und Namensträger Fritz Rümmelein in Hof sowie dessen Sohn Michael Rümmelein sei an dieser Stelle für ihre Hilfe gedankt.
Gleiches gilt für Roland Schreder vom Stadtarchiv Zwiesel, für Roland von Gottschalck vom Hanauer Medienzentrum/Bildarchiv und für die Mitarbeiter des Bundesarchiv-Militärarchivs in Freiburg im Breisgau.
Freundliche Unterstützung wurde uns von den Angestellten des Fremdenverkehrsamts Reims, Patricia Podvin und Julien Therond, zuteil. Ihnen danken wir ebenso wie Prof. Dr. Peter Hoeres von der Julius-Maximilians-Universität in Würzburg, der als wissenschaftlicher Berater für dieses Projekt zur Verfügung stand.

Namens- und Ortsregister

A

Abaucourt 129
Adenauer, Konrad 188
Akaba 61
Albert 77, 140
Allenby, Edmund 61
Allenstein 57
Amiens 133
Antwerpen 29
Arnim, Sixt von 113
Arras 29, 97, 113, 140
Autry .... 49 f., 178

B

Bad Homburg 50
Baden, Max von 151
Baupaume .... 77, 97, 119, 132 f., 140
Barbusse, Henri 123
Bazentin 77
Beckmann, Max 123
Beine-Nauroy 186
Bell, Johannes 167
Berlin 19, 23, 158, 161
Bertameix 74, 182
Bethmann Hollweg, Theobald 19, 23, 85
Bezonvaux .... 79, 86, 182 f.
Bingerbrück 55
Bismarck, Otto von 23
Boehringer, Leutnant 96
Boelcke, Oswald ..... 101, 168 f.
Bohrdt, Hans 81
Bordeaux 23
Bourbon-Parma, Prinz Sixtus von 85
Bourlon 108, 124, 126, 129
Boxebeld, Pascal 178
Brecht, Bertolt 123
Brécy-Brières .... 32, 45, 48, 50, 52, 56, 62, 66, 87, 179 f.
Brest-Litowsk 57, 127, 133, 143, 151
Briqueterie 30, 32, 174
Brussilow, Alexei A. 57
Bukarest 127
Bülow, Karl von 23

C

Calais 29
Cambrai .... 13, 108, 116, 119, 122, 124, 126, 133, 140 f., 146, 164, 190 f., 193
Canal du Nord 126
Caporetto 105
Cernay-en-Dormois .. 24 f., 34, 37, 58, 178
Challerange .... 34 f., 66, 179
Chantilly 77
Charleville-Mézières 56, 104
Chemin des Dames 29, 97, 188
Churchill, Winston ... 57, 81, 93, 119
Clemenceau, Georges 85, 167
Compiègne .... 10, 61, 127, 133, 147, 151 f., 161

D

Damaskus 61
Deimling, Berthold von 29
Dix, Otto 123
Domprix 74, 182
Douai 116
Douaumont 66, 69, 79, 182, 185
Dover 101
Düsseldorf-Golzheim 166

E

Ebert, Friedrich .. 151, 160 – 162
Elsenborn .... 38 f., 42
Erzberger, Matthias 151

F

Falkenhausen, Ludwig Alexander Freiherr von 90
Falkenhayn, Erich von ... 23, 29, 57, 66, 69
Fisher, John 81
Flers-Courcelette 77
Foch, Marschall 151
Frank, Leonhard 123
Frankfurt 55
Franz Ferdinand, Erzherzog .. 19
Franz Joseph I., Kaiser ... 19, 85
French, John 29
Fressies 124
Fuss, Conrad 18

G

Gallipoli 57, 113
Gaulle, Charles de 188
Gaver 110
Gent 110
George, Lloyd 167
Gerassimow, Alexander Michailowitsch 127
Gorlice-Tarnów 57
Graf Czernin, Ottokar 85
Graf Spee, Admiral 81
Graincourt-lès-Havrincourt .. 124, 129
Grey, Sir Edward 19
Grosz, George 123
Guise 110

H

Haber, Fritz 105
Haig, Douglas 77, 97, 113
Hanau ..... 15 f., 18, 21, 39, 51, 55, 86, 104, 137
Haucourt 74, 182
Hauptmann, Gerhard 123
Heinz, Friedrich Wilhelm ... 164
Hentsch, Richard 23

206

Hindenburg, Paul von 23, 57, 69, 77, 92, 133, 143, 166
Hirson 104
Hitler, Adolf .... 11 f., 33, 105, 163 f., 168 f.
Hötzendorf, Graf Conrad von 19
Houdelaucourt-sur-Othain .. 74, 182
Hoyos, Graf 19
Huch, Ricarda 123

I
Immelmann, Max .... 101, 168 f.
Immerwahr, Clara 105

J
Jellicoe, John 81
Joffre, Joseph 23, 29, 69
Jünger, Ernst .... 77, 113, 121 – 123, 164, 191

K
Karfreit/Caporetto 147
Karl I., Kaiser 85, 147
Kemmelberg 133
Kerenski, Alexander 127
Kluck, Alexander von 23
Knobelsdorf, Fritz von 69
Kohl, Helmut 182
Kohl (Leutnant) 144
Kollwitz, Käthe 123
Kollwitz, Peter 123
Konstantin, König 57
Konstantinopel 57, 61
Kraus, Karl 123
Kuhn, Bela 161

L
La Bassée 29
Lafayette, Marie-Joseph Motier, Marquis de 93
Lahmann, Otto 56, 58, 86
Landres 66, 182
Langemarck 29, 113
Laon ...... 29, 97, 104, 110, 188 f.
Laval-en-Laonnois 104, 189
Lawrence, Thomas Edward .. 61
Lemberg 57

Lenin, Wladimir Illjitsch 127, 161
Leopold von Bayern, Prinz 127
Lettow-Vorbeck, Paul von ... 61
Liebknecht, Karl 151, 161
Lille 29, 104
Loisson 182
Longuyon 66
Ludendorff, Erich .... 57, 69, 77, 92 f., 133, 143, 151
Lüttich 57, 101
Luxemburg, Rosa 151, 161
Lwow, Fürst 127

M
Macke, August 123
Mackensen, August von 57
Mangin, Charles 133
Mann, Heinrich 123
Mann, Thomas 123
Marc, Franz 123
Massiges 28, 36, 42, 45, 174, 176
McCrae, John 191
Medina 61
Messines 113
Meyer-Waldeck, Alfred 61
Mitterrand, François 182
Moeuvres .... 116, 121, 124, 191 f.
Moltke jr., Helmuth von 23, 25
Monchy 140
Mont 70
Mont Cornillet .... 88, 90, 92, 96, 98 f., 185 – 188
Montbré 188
Montmédy 56, 66
Müller, Hermann 167
München 33, 158
Murville 70

N
Nachet, M. 190
Nauroy 99, 186
Neuflize 100, 188
New York 93

Nikolaus II., Zar 127
Nivelle, Robert 69, 97
Noske, Gustav 161
Nouvion-le-Vineux 104, 189
Noyon 29

O
Olizy 56, 58, 179
Orlando, Vittorio 167
Ornes .... 78 f., 182
Orsinval 148, 193
Ostende 29

P
Paris 23, 29, 69, 77, 133
Pas-de-Calais 113
Pasewalk 33
Passchendaele 113
Pauli, Hermann ... 48 f., 179, 181
Pershing, John J. 93
Perthes 28
Pétain, Philippe 69
Poelkapelle 113
Poincaré, Raymond 85
Pompelle 188
Presles-et-Thierny 104, 189
Princip, Gavrilo 19
Prondzynski, Hans von 101
Prosnes 28

R
Rabus, A. .... 152 f.
Reims .... 29, 88, 90 f., 99 f., 186 – 188
Remarque, Erich Maria 29, 105, 123
Rethel 92, 188
Reuter, Ludwig von 81
Richthofen, Manfred Freiherr von ...... 102, 120, 168 f.
Rocquigny-Equancourt 193
Rolland, Romain 123
Rommel, Erwin 147
Roosevelt, Theodore 93
Rümmelein, August 55, 171
Rümmelein, Elsa 172
Rümmelein, Eugen 34, 55, 137, 152, 171

Rümmelein, Fritz (Großvater) 25, 34, 90, 152
Rümmelein, Fritz (Neffe) .. 194
Rümmelein, Heinrich (Heinz, Bruder) .... 34, 55, 137, 152, 164, 169 – 171
Rümmelein, Heinrich (Vater) 16, 34, 55, 102, 152
Rümmelein, Karolina 16, 55, 137, 152, 171
Rümmelein, Wilhelmine .. 34, 55

S
Saarburg 90
Sains 110
Saint-Germain-en-Laye 147
Saloniki 57
Sarajevo 19
Savigny-sur-Aisne ..... 59, 179 f.
Scapa Flow 81
Schauwecker, Fritz 164
Scheer, Reinhard 81
Scheidemann, Philipp . 151, 161, 163, 167
Schnitzler, Arthur 123
Schwöbel (Oberleutnant) .. 124, 129
Séchault 24, 181
Sedan 56, 66
Seemann, Barbara 194
Servon 181
Sinowjew, Grigori J. 161
Skagerrak 81
Soissons 29, 97, 133
Sophie von Hohenberg, Herzogin 19
Southampton 93
Souville 69, 84
St. Morel 66
St. Petersburg 127
St. Quentin 116, 140
St. Simon ...... 132 f.
Stanton, Colonel 93
Stark, RAD-Gauführer 171

T
Tannenberg 57
Tirpitz, Alfred von 81
Trianon 147
Troeltsch, Ernst 167
Tsingtau 61, 81
Tucholsky, Kurt 123

U
Udet, Ernst ...... 168 f.
Unruh, Fritz von 123

V
Valenciennes 193
Varoquier, Albert 174, 176
Vaudoncourt 74, 182
Vaux ...... 66, 69, 79 f., 83 f., 182, 184f.
Venizelos, Eleftherios 57
Verdun ...... 12 f., 57, 62, 64, 66 – 70, 74, 76 f., 84, 86, 98, 182, 184 f., 188
Versailles 161, 167
Victoria, Queen 81
Viecourt 74
Villers-en-Cauchies 140, 193
Ville-sur-Tourbe 42, 181
Vittorio Veneto 147

W
Waregem 110
Warmeriville 187
Washington 93
Weimar 161
Wenckstern, Karl von ..... 8, 42, 51, 56, 58, 62, 75, 83, 96, 99, 110, 121, 124 f., 129, 131 f., 146, 148 – 150, 152, 164, 169 – 171
Werfel, Franz 123
Wien 19, 33, 85
Wilhelm II., Kaiser .... 16, 19, 23, 25, 33, 36, 57, 61, 69, 81, 85, 90, 136, 167, 151 f.
Wilhelm, Kronprinz .. 25, 36, 69
Wilson, Woodrow .. 85, 93, 147, 151, 167
Wolff, Dr. Fritz ... 56, 58, 74, 86

Y
Ypern 29, 105, 113, 133

Z
Zeebrügge 29
Zottegem 116
Zwiesel ...... 13, 16, 18, 30, 39, 45, 51, 86, 90, 100, 104, 136 – 138, 149, 152 f., 158 – 160, 162, 164 – 166, 194 f.

FOTONACHWEIS: Seite 14: CORBIS, Seite 17: BERLIN, SLG. ARCHIV FÜR KUNST & GESCHICHTE, Seite 23: AKG-IMAGES, Seite 29: ARCHIV GERSTENBERG/ULLSTEIN BILD, HERMANN HISTORICA/INTERFOTO, Seite 33: ULLSTEIN BILD, Seite 57: SCHERL/SÜDDEUTSCHE ZEITUNG PHOTO/ULLSTEIN BILD, TOPHAM PICTUREPOINT/UNITED ARCHIVES, Seite 61: THE GRANGER COLLECTION/ULLSTEIN BILD, Seite 69: THE PRINTER COLLECTION/HERITAGE IMAGES/ULLSTEIN BILD, Seite 77: UNITED ARCHIVES/DDP IMAGES, Seite 81: BPK, Seite 85: POPPERFOTO/GETTY IMAGES, IMAGNO/HULTON ARCHIVE/GETTY IMAGES, Seite 93: INTERIM ARCHIVES/GETTY IMAGES, CLASSIC STOCK/AKG-IMAGES/H. ARMSTRONG ROBERTS, Seite 97: AKG-IMAGES, Seite 101: PHOTOSHOT/UPPA, Seite 105: BPK, OLIVER RICHTER COLLECTION, Seite 113: MARY EVANS/ROBERT HUNT COLLECTION/INTERFOTO, AKG-IMAGES, Seite 123: DPA/PICTURE ALLIANCE, Seite 127: ARCHIV FRIEDRICH/INTERFOTO, CULTURE-IMAGES/FINE ART IMAGES, Seite 143: STEINER-KRAPP/KEYSTONE, GALERIE BILDERWELT/HULTON ARCHIVE/GETTY IMAGES, Seite 147: KEYSTONE, Seite 151: AKG IMAGES, JERRY TAVIN/EVERETT/DPA/PICTURE-ALLIANCE, Seite 156: SCHERL/SÜDDEUTSCHE ZEITUNG PHOTO/ULLSTEIN BILD, Seite 160: SÜDDEUTSCHE ZEITUNG PHOTO, Seite 161: WILLY RÖMER/BPK/ULLSTEIN BILD, AKG IMAGES, Seite 163: EVERETT/DPA/PICTURE-ALLIANCE, Seite 166: KARL F. SCHÖFFMANN/IMAGEBROKER/ULLSTEIN BILD, Seite 167: EVERETT/DPA/PICTURE-ALLIANCE, THOMAS THEODOR HEINE/ABBILDUNG AUS SIMPLICISSIMUS/VG BILD-KUNST, BONN 2014/DIETMAR KATZ/KUNSTBIBLIOTHEK/SMB/BPK, Seite 168: KNORR+HIRTH/SÜDDEUTSCHE ZEITUNG PHOTO/ULLSTEIN BILD, Seite 169: BRIDGEMANART.COM, SCHERL/SÜDDEUTSCHE ZEITUNG PHOTO/ULLSTEIN BILD, BAYRISCHES PRESSEBILD/KEYSTONE, Seite 175, 177, 184, 190: JIM DICK